指導力

才能を伸ばす「伝え方」「接し方」

Toshihisa Nishi
仁志　敏久

PHP
Business Shinsho

PHPビジネス新書

「指導」とは何か

Introduction

自分のことは、自分で考えて行動する。

そうできるようになるまで、指導者はサポートし、見守ることが重要です。

子供はいずれ成長すれば、将来を見据えて進路やキャリアも決めなければなりません。

とりあえず高校、とりあえず大学、就職。周りがそうするからという理由でそうした選択をしてしまいがちですが、成長とともに自分の方向性が見えてくると、おのずと「やるべきこと」が見えてくるものです。

新人選手や新入社員を含む「若手」にも同じことが言えるでしょう。やるべきこととは、誰かが手助けしてくれるわけでも、そのうちどうにかなるものでもありません。本人が自分で発想し、考えを整理しながら行動に移していく必要がある。

そうやって子供や若い人に「たくましい心」が育まれていく。指導者はそのサポート役として存在しているのです。

はじめに

「指導者の目」が正しい行動を導く

スポーツ選手にとって、指導者の存在は不可欠であり、その指導によって結果は大きく左右されます。

そのため、どのタイミングで、どんな指導者と出会い、どんな指導を受けるかということはアスリートにとってはとても重要で、出会いが運命を決すると言っても過言ではありません。

とくにジュニア世代にとって、指導者はそのスポーツを始めるきっかけや続けていく原動力になります。指導する立場の人は、スポーツの楽しさ、面白さを伝える重要な役割も担うため、一言一句に責任があることを自覚しなければいけません。

昔からスポーツの指導と言えば、厳しい言葉や暴力はつきもので、そういった指導こそが心と体を鍛えると信じられてきました。

たしかに、上達するには時に厳しい練習も必要です。それを乗り越える「精神的な強さ」が身につくからです。しかし、目標に向かう選手にとって心身を〝鍛える〟必要はあっても、心身を〝傷つける〟必要はありません。

指導する側とされる側が、その練習をする意味、その練習の先に待つ結果を理解し、やるべきことの内容と意味を共有しながら進む。これが、あるべき姿です。

どちらか一方の考えだけが先行するのはよくありません。

指導者の思いが強すぎれば選手への過度なプレッシャーとなり、選手の心と体は疲弊します。逆に選手の理想や願望が先行しすぎれば自分を見失い、間違いが正される機会を得られなくなります。

「選手の主観」と「指導者の客観」。

双方が上手く融合して進歩が生まれます。

選手にとって、指導者の目は「冷静で客観的な目」であり、自分のためを思って見てくれる「他人の目」。選手がいま感じていることと実際の行動が正しいかをいちばん近くで判断してくれる、無二の目であり存在と言えます。

スポーツにおいてだけでなく、社会性という点でも、指導者の客観的な目が正しい行動を導き出し、人間形成を促してくれます。

ですので、時に指導者は、「人間をつくる」という使命さえもつ存在と言えるでしょう。スポーツにおいて勝利は、それまでのどんな困難をもかき消してくれる何物にも代えがたい最大の目的、目標です。しかし、その勝利を欲しいがために、選手がアンフェアな手段を選んだり、過剰なトレーニングを続けて自分自身を追い込んだり、負傷、故障を抱えて我慢した結果、取り返しのつかないことになっては、本末転倒です。そのようなことは絶対に避けるべきです。

心の余裕を見失い、つねに追い込まれてしまうような環境になっていないか、指導者は目配りする必要があります。選手たちがフェアな精神を身につけ、健全な心が保てるよう見守ることも大事な指導です。

私は2010年にプロ野球選手を引退し、いずれよい指導者になれるよう、選手にとって必要な指導とはどういうものかを模索し、学んできました。筑波大学大学院でコーチングの基礎を学び、アメリカのマイナーリーグのキャンプではコーチング、ティーチングを現場体験してきました。その他、ビジネス業界で各分野をリードする方々から学ぶ機会もあり、野球だけに留まらない学びを得ることができました。

指導者として現場に立つためには、そのスポーツの専門的な知識だけでなく、選手との距離感や接し方などの心理学的な手法も知識として身につけておくことが不可欠です。

実際に指導するなかからでも学ぶことはできますが、見聞きできる範囲が狭くなりがちです。きちんとした理論を知って指導するのと知らずに感覚頼みで指導するのとでは、相手への伝わり方も違います。選手に向けて十分に思いを伝えたいのなら、まずは指導に必要な知識をもつべきです。

なにも野球の世界に限った話ではありません。知識をもって指導に臨むのは、あらゆる分野に共通する考え方ではないでしょうか。

侍ジャパンの経験から学んだこと

私の指導者人生で最も印象深い「実践」の一つに、２０１４年から２０１９年までの約6年間任せていただいた、侍ジャパンU-12監督という大役が挙げられます。

中学生や小学生の選手を指導するこの責務は、私がもつ現時点のスキルでどこまでができて、何が足りないのかを思い知らせてくれました。

私は毎回、選手たちが滞りなく試合に臨めるように、限られた日程のなかで効率的な指導プランを考えていました。私が迷えばチームが迷う。相手はまだ幼い子供たちです。言葉ひとつ、行動ひとつに責任があることを自覚し、指導しました。知識を重ねて実践するという、私にとっては学びのサイクルでもありました。

また、2017年の第4回WBC（ワールド・ベースボール・クラシック）での内野守備・走塁コーチも大きな学びとなりました。

プロのなかでも一流選手の集団に加わり、「自分の仕事をいかに全うするか」が課題でした。U-12での教育的な指導とは違い、勝利だけが求められる現場です。「極度なプレッシャーのなか、戦う選手にどう接するのか」「プロ中のプロの集団を短期間でチームとしてまとめあげるには何をすべきか」など、監督ではなく、コーチという専門性が求められる立場からチームを見られた貴重な経験となりました。

その後、野手コーチとして帯同した2018年のU-23ワールドカップは、これまでの経験が生かせる機会となりました。というのは、代表チームとしては最年少のU-12に対して必要な指導スキルと、WBCなどに出場するトップチームに対して必要な指導スキルの両方が求められる年代のチームだったからです。

さらに2020年には、江戸川大学社会学部経営社会学科の客員教授に就任し、学生を相手に知識を体系的に伝えるという新たな学びの機会をいただきました。

「知識と実践」ともに準備万端となったいま、横浜DeNAベイスターズの2軍監督として初めてプロ球団を指揮する立場にいます。

指導には、世代の特徴を知る必要があります。そういった意味では、幅広い年代に携わってきたこれまでの経験は、プロの現場でも生かせるものだと思っています。

会社や家庭でも見られる「指導の課題」

昨今、スポーツ離れ、野球離れが進んでいます。その理由の一つとして、指導者の問題があることはまぎれもない事実です。

暴力的、高圧的な指導、技術やスポーツそのものへの無知、年代や体力差を考えない指導など、課題は数多く存在します。

もちろん、指導者側だけでなく、保護者のかかわり方や子供の取り組み方に問題がある場合もあるでしょう。ですが、被害者となるのは結局、子供たちです。まだ思ったようにプレーできないうえに理解に苦しむ指導を受け、言われたようにやっても上手くできないことに対して意見を言えず、ストレスと悲しさを抱えて練習しなければなりません。

子供の前に立つ大人には、正しい方向性を示してあげる義務があります。将来を担う若い世代が、大人になることに対して夢を抱けているかどうかは指導する側にかかっている、と私は思うのです。

社会を見渡せば、会社内でのパワハラやいじめは後を絶ちません。上司の指導が至らず、部下が精神的にダメージを受け、体調を崩してしまうケースもあります。家庭でも、親が子供を虐待する悲しいニュースが毎日のように報じられています。

スポーツで起こっていることと根底は一緒で、やはり指導する側が変わらない限り、問題解決は困難でしょう。

これから述べていくことは、私がこれまでの指導者としての経験や、出会った指導者から学んだこと、そしてプロ選手としての引退後、指導者をめざす過程で得た知識と経験が中心です。指導者としてまだまだ途上であるため、不完全な部分もあるかと思いますが、私の学びの途中経過としてお伝えしようと思います。

スポーツ指導にかかわる人はもちろん、部下をもつ会社の管理職やリーダー、そして小さいお子さんをもつ親御さんなど、ほんの一部分でも読んでくださった方々のお役に立つことができれば幸いです。

子供たちや若い世代のためにという思いを共有しながら読んでみてください。

2021年4月

仁志敏久

指導力
才能を伸ばす「伝え方」「接し方」
目次

第2章 覚悟を決める――知っておきたい心構えと基本姿勢

第3章 行動を変える――「間違った指導」を避ける方法

第4章 思いを伝える――100人100通りのコミュニケーション

第5章

心をまとめる——仁志流・強いチームの作り方

イラスト　齋藤　稔（ジーラム）
校正　槇　一八
編集　大隅　元（ＰＨＰ研究所）

第1章

自立を促す

——侍ジャパンU—12準優勝の軌跡

2014年8月、フィリピンで行なわれた第8回BFA（アジア野球連盟）12Uアジア選手権大会への出場が侍ジャパンU-12としての船出でした（当時はU-12ではなく、12U）。

小学生世代の国際試合は以前から行なわれていたものの「日本代表チーム」としての参加はこの大会が初。翌年の第3回WBSC（世界野球ソフトボール連盟）U-12ワールドカップも代表チームとしては、初参戦でした。

そもそも侍ジャパンは、「野球界を一つにする」をテーマに、アンダー世代からWBCに出るプロのトップチームまで同じユニフォームで戦い、どの世代でもJAPANのユニフォームに袖を通すことを目標にするというコンセプトのもとに立ち上げられました。

いまではプロの選手たちも代表入りを目標とし、「侍ジャパン」に選ばれることは一つのステータスになりました。

この代表入りへの思いはアンダー世代それぞれにも定着し、とくにU-12の子供たちにとってプロ選手と同じユニフォームを着て世界と戦うことは大きな夢、目標となっているようです。

そんな侍ジャパンU-12での指導経験を通じて、私が学んだことを本書の導入としてご紹介していきたいと思います。

1　成長の「瞬間」を逃さない

ビジネスのシーンでは、相手のキャリアに応じて話し方や話題を変えたりします。社会人経験が数年違うだけで、成熟度合いは大きく変わるからです。

子供の場合は、その差が大人以上に顕著に表れます。

２０１９年、ＷＢＳＣ Ｕ-12ワールドカップに出場した侍ジャパン。その選手の割合は、中学１年生（早生まれ）が３分の２を占め、残りは６年生でした。やはりこの年代になると１年、半年でも年長のほうが体力、技術ともに優位になります。性格的にも、子供っぽさの残る６年生に比べ、中学生には知恵がつき、ある意味計算高くなっているなどの傾向が見られ、思春期に入ったことを感じさせる子が多い。おそらく、接し方が難しくなったと感じている親御さんも多いのではないかと想像します。

自分自身もそうでしたが、中学生になると親の手からも少し離れ、小学生のころよりも自由を感じるようになる。親の見ていない時間が増えれば、これまでにない行動も考え出す。理屈、屁理屈をよくこねるようにもなり、よくない考えを起こすのもこの時期の特徴です。

大人の言うことが絶対と思っていた小学生から、じつはそうでもないことに気づき始め、反抗期に入っていく子もいます。子供たちと日々接しながら、親として毎日対応するとしたら難しいだろうなと思いつつも、その実、成長過程ではごく自然なことなのかもしれません。

中学生を見ていると、その時近くにいる友達や先生、スポーツなどの指導者によって人間性が左右され、いかにいい影響を与える〝他人の力〟が重要かということも感じます。

教育的な部分にも工夫が必要であり、人として対等に接してあげる場面とまだ子供であると寛容に見る場面の使い分けをよく考えなければならない。同学年でも一人ひとり心身の成長の度合いも違うため、そこもよく見ておくべきだと気をつけていました。

些細《ささい》な言葉のかけ方、接し方にも気を配る必要がありますし、見て見ぬふりをすべき時もあれば、見逃してはいけない場面も当然あります。

全体に目を配りつつ、それぞれの子供たちの行動や表情、話を聞く姿やその後の反応、子供同士の会話の話題やチームへの溶け込み方など、見えたこと、聞こえたことに焦点を合わせることも、子供たちのタイプを把握するためには重要です。

その瞬間がもととなり、それぞれの子供たちに合わせた伝え方や話す内容がわかってくるからです。

要するに、**子供たちを前にした時、指導者はつねにアンテナを張っていなければいけないということです。**

子供たちは時の流れとともに成長していきます。

その時の流れのなかには、修正すべきポイントや、変化、岐路となる瞬間が随所にあります。

その瞬間こそが将来への方向性を導き出すチャンスであり、可能性を具現化していく一つのタイミングだと思います。

思春期の子供たちにとって興味を引かれるものというのは、次から次へと手の届きそうなところにやってきます。そのなかで、いいものとそうでないものとを判断し、物事の分別や生活におけるメリハリのようなものを感じ取る力、自制する力は徐々にでもつけていけることが望ましい。自分の気持ちや行動を上手くコントロールする力は、大人になって最も必要とされるものだからです。

思春期の子供に完璧を求める必要はありませんが、成功、失敗の体験などから学んで生かすことは求めていくべきだと思います。

2 まず「目的」を示す

侍ジャパンU-12日本代表チームは、招集から解散まで約2週間。招集後、3、4日ほどチーム練習や練習試合を行ない、開催国へ出発という日程になります。

過去には大会直前の時期以前にも合宿をしたケースもありましたが、子供たちそれぞれが所属するチームの試合などの日程もあり、いまではほとんどが直前合宿だけとなりました。

大会前の練習期間が非常に短いため、チームを作るうえではベストなポジションを判断するのにも苦労をするし、ポジションの変更などどの程度であれば対応できるのかなどを含めて初めの1、2試合は手探り状態。

子供たちの性格を把握するのにも時間が足りず、初めのうちは、子供たちと簡単な会話をしたり子供同士のやり取りを見たりして対応を決めていきます。

それから、子供たちは初めのうちは小さな問題を毎日ちょっとずつ起こします。問題と言っても寝坊や小競《ぜ》り合いのようなことですが、旅行気分でいる子もいるので、「目的意識」については早くから伝えていきます。

私にとってU-12というカテゴリーは〝絶対的〟な将来有望選手の集まりという認識はありませんでした。前述したように子供たちはその後の過ごし方、人との出会い方などでいかようにも変化します。もちろん、持って生まれた資質もあります。

いま上手にできるからといって、その後、身体的に成長しても全国上位の選手になれるかと言えば、わからないとしか答えられません。

言えることは、**「可能性を秘めている」**ということ。

〝絶対的〟ではないけれども、そうなるチャンスはもっている。だからその自覚や自信のようなものが芽生える機会を提供したいと思って臨んでいました。

また、その一方で、今後もし野球から離れることになっても、これから大人になっていく大事な過程であることには変わりありません。素晴らしい野球選手をめざす前に、まずは立派な大人になることをめざしてもらいたい。そのうえで野球選手として成長してくれたらなお結構。それが私の思うU-12の「目的」でした。

選ばれたことをきっかけに何かを感じ取ってもらえれば、というのがベースにあったのです。

3 自立を促す

指導において、私が最も大事なコンセプトとして考えているのが「自立」。厳密に言えば「自立を促す」です。

自立とは、自分で考え、行動すること。自分の意思をもって主張し、人の意見を聞いて答えを探し出せるような人のことです。

小学生や中学生に完全な自立を求めるのは無理がありますが、大人に頼らず、周りに左右されずに自分にとって必要な考え方や行動を選択できるような人間になるきっかけを作ってほしい。

その機会が、合宿や海外遠征です。

子供たちにとって、親元を離れ家族や知り合いのいない生活を一定期間送る機会はそうはありません。けれど、「いままで家族に頼っていたけれども、じつは自分でできる」ということは、毎日の生活のなかにいくつもあります。合宿や遠征はそれを実感できるいい機会なのです。

たとえば、朝、目覚まし時計を鳴らして自分で起きる。起床後は自分で準備したものを着て集合場所へ向かう。寝坊した仲間がいないか確認し、いなければ呼びに行く。

食事は毎回バイキング形式のため、自分で食べ物を選ばないといけません。チームに合流後すぐに栄養講習があることもあってか、バランスよく食べる子もいますが、誘惑に負け、揚げ物ばかりが皿に盛られている子も。開催国によっては子供の苦手なものが多く並ぶこともあります。

そのなかで、我慢したり、栄養を考えながら食べ物を選べる子は、「自立できているなぁ」と感じます。厳しくは言いませんが、食事においてもある程度の自制を期待しています。

若い選手を指導する際、**つい「できていない」部分を見てしまいがちですが、「自分で選択できている点」があればそれを認める姿勢は、自立を促すにあたってはとても大事です。**

4　上達する人は「目標」が明確

ひとたびユニフォームを着て集まれば、一人ひとり与えられた役割があります。

チームの道具管理を任せ、持ち運びは重いものでも、なるべく私たちは手伝いません。責任をもって管理することや重い荷物を仲間とどう運んだらいいのかを考え、自分の手が空いたらほかの子を手伝うなどを率先してできるようにと見守っています。

もちろん、人手が足りなければ私たちも手伝うのですが、すぐに「代わります」と言って駆けつけてくる子もいます。周りの状況を見て、ほかに何かできないかと考えられることも、立派な自立です。

夜の食事が終わると、子供たちは素振りなどの個人練習をしに外へ出ます。私たちがやらせているわけではなく、子供たちみずからがやりたいと言ってきます。なかには人がやるから自分も、という子もいるので、そうした子には「無理しなくていいよ」と毎回言うのですが、さすがに自分だけやらないのはバツが悪いのか、結局全員でやることに。そんな内心もあってか、ここでも子供たちの性格が表れます。

最初は真面目にバットを振っているのですが、誰かが飽きておしゃべりが始まると一人、また一人と引き込まれていき、結局数人のおしゃべりの輪ができてお遊びがスタート。

こちらとしては、だから「やりたい子だけやりなさい」と言っているのですが、そこは子供なので仕方のないところ。とりあえずは放っておき、ある程度のところで「終わったら帰れよ」と声をかけます。

ここでも一人が帰り出すと、「オレも、オレも」となることがほとんど。

しかし、そんななかでも黙々と素振りやシャドーピッチングをしている子もいます。

私たちが長い時間近くにいると、〝見ているからやらなきゃ〟となりがちなので、まんべんなく見て回って言葉をかけているのですが、なかにはそれとは関係なく練習していて、いつも最後まで帰らない子もいます。

性格と言えばそうなのですが、目的意識を強くもち、目標が明確である子の傾向とも言えます。そういう子は家でも同じ調子で練習しているようで、家族の協力や兄姉《きょうだい》の影響というのが共通しています。

練習は、やったからといって試合などで的確に実践できるわけではありません。しかし、一つ言えるのは、**そういった労力を費やしてでも上手くなりたいと考えているからこそ上達する**のだということ。

上手くなりたい選手にとって、それは「やらされる努力」ではなく、みずから「必要」だと思ってやっているにすぎず、疲れるかどうか、人が見ているかどうかなどは関係ないのです。

「成長したい」「上手くなりたい」という的確な目標がある子は周囲の状況に左右されない強さをもっています。これこそが上達の原動力。その姿を見ているだけでも少し先の将来が見える。選手としても人としてもそんな強さがあれば、誰よりも前に進めるのだと思います。

野球というスポーツはとかく監督の存在がクローズアップされ、チームの象徴のように受け取られがちですが、いざ試合が始まれば誰も助けてはくれません。

作戦的な指示はあっても、ボールを目の前にした時、どう動くのか、どう対処するのかは選手の判断で決まります。

自信をもって判断するための準備は、日常からしか生まれない。

普段から「自分ならどうするか」「こんな時はどうするか」とイメージする習慣をもっているかどうか。

だからこその「自立」であり、自分がいまやるべきことは何かを自覚する日はいずれ誰にでも訪れます。そのことに気づくきっかけを作ってほしい。それが、私がめざす指導の大枠のテーマです。

5 選手のために死ねるか？——親になる覚悟

招集された子供たちを前にして、まず行なうことがあります。

「子供たちのために死ぬ覚悟」

なぜそんなことを考えなければいけないのか？

海外に行けばどんな事件や事故に巻き込まれるかわからない。もちろん、国内でも同じですが、とにかく子供の命にかかわる出来事に直面した時、自分の身をなげうつことができるか。

なにを大げさなと思う人もいるでしょうが、私たちが預かっているのは各家庭の大事な子供たち。日本代表としての活躍を楽しみにし、元気に再会するのを心待ちにしている家族がいます。笑顔で「ただいま」と言えるように、子供たちにとっても最高の思い出とともに帰国し、チームを解散しなければならない。そのためには、子供たちが遠征中に心身ともに傷つくようなことはあってはなりません。

自分の実の息子が危険な目にあったら、親としてどんな行動を起こすのか？　また、保護者の方々が実際にその場にいたらどうするだろうか？　そう考えればとるべき行動は決まります。**死ぬ覚悟とは、実の親と同等かそれ以上の行動をとる覚悟でもあります。**

親だから必死に間違いを正そうともします。「自分は監督であるだけでなく、父親なんだ」ということをまずは自分にしっかり言い聞かせます。

実の子供が川に落ちて濁流に呑《の》まれたら、事件に巻き込まれて人質としてナイフや拳銃を突きつけられたら……。

そんな時、親だったら無我夢中で濁流にだって飛び込むだろうし、凶器を持つ相手に自分の胸を突き出し、「刺すなら私を刺せ」「撃つなら私を撃て」と叫ぶでしょう。

保護者にとってみれば、もし、わが子が旅先でトラブルに見舞われ、最悪の結果に至ってしまったなら、「自分がそこにいれば命がけで助けたのに……」と言い尽くせない後悔に襲われるはず。そして、その感情は怒りへと変わり、矛先は当然指導者に向かうでしょう。

ですから、**そういった最悪のケースに直面してしまった時に「最善を尽くしました」と言える行動をとらねばなりません。**保護者と同様、またはそれ以上。

要するに、指導者としては、子供が命を落としたのならば、自身も命を落としていなければならない。これは極論のように聞こえるかもしれませんが、相手が子供だけでなくどんな人であっても、「預かる」ということは、そのくらいの覚悟が求められるのだと思っています。

幸い6年間、大きな事件や事故に巻き込まれるようなことはありませんでしたが、そのような事件や事故にあわずにすむよう細心の注意を払って責務を全うしてきました。

6　他人の子供を叱る勇気

また、教育においても、つねに「親であれば」と考えて事にあたらなければなりません。

たとえば、子供たちが壁に落書きをしていた場合、もしその子が自分の子供だったらと考える。当然叱るし、反省を促すでしょう。

最近では、場の空気を壊してはいけないと思うあまりに、子供たちが何をしても笑ってごまかす指導者も見受けられます。

叱ればその親が出てくる可能性もあるので、躊躇《ちゅうちょ》してしまうのかもしれませんが、本当にその子のことを思うのならば、迷わず叱るべきです。

自分の子供にはちゃんと教育するのに、よその子になると見て見ぬふりではそこにいる理由がありません。保護者に対してあらかじめ、「悪いことをすれば叱ることもありますよ」とひと言言っておくか、それが言いにくいのであれば、実際に問題に直面した際に、「自分としてはこういう指導をしたいが保護者としてはどう対応してほしいですか」と聞くのも一つの手です。

「○○のために」という意味は、ただ指導するだけではなく、その子の将来を案じるとい

うことでもあります。

本当にその子の実の親だったらどうするか？

どんなケースに遭遇してもそう考えたいものです。

7 「経験させたくないこと」を決めておく

子供たちのなかには初めて海外に出かける子も数多くいました。そのため、その国の文化や習慣がわからなかったり、場をわきまえず盛り上がって大騒ぎになってしまうこともしばしば。そこが日本でないことをわかっているようでわかっていない。なので、単独行動にならないように目配りが欠かせません。

たかだか夜の素振りの帰りでも必ず大人をつけ、部屋に帰ったことを確認する。素振りの場所はホテルの駐車場であってもそれは絶対です。何かあってからでは遅いので、安全確認はぬかりなく行ないます。

また、大会中は他国の子供たちも同じホテルに宿泊するため、子供同士で挨拶したり、仲良くなったりということもあり、お互いの部屋を行き来するような状況にもなりがちなのでそこも注意します。

何が悪いのかというと、他国の子の部屋へ入って何か物がなくなれば当然疑われます。その可能性は低いと言っても、ゼロではありません。そもそも言葉が通じないわけで、何らかの行き違いが生じる可能性は十分あります。交流はたいへん結構なのですが節度をもって付き合うことも教えます。

逆に、他国の子供を部屋に招き入れることも禁止します。理由は同じですが、どちらかというと他国の子を招き入れるほうが、問題が起こる可能性は高いため、より強く注意をします。

これは私自身の経験によるもので、アマチュア時代に国際試合に数多く参加し、気をつけなければならないことの一つとして先輩などからよく教えられました。

野球道具が欲しい、金品が欲しい。そんな欲求をもつ人間はどこに潜んでいるかわかりません。海外へ行けば盗まれるほうが悪いと考えるしかない場合もあります。私もアマチュア時代の海外遠征で盗難にあった経験があり、私以外の選手やスタッフも同様の被害に遭遇したことが何度かありました。子供同士だからといって安心はできません。

実際に、日本チームではありませんが、他国の子供と仲良くなり、部屋に入れたらほかの子も入ってきて物を盗まれたという事例もあります。

子供たちが大金や高価なものを持っていることはほとんどありませんが、小さなものでもなくなれば気分は悪い。そうならないためにあらかじめ注意を喚起しておくのです。

命にかかわることだけでなく、大会中に必要のないイヤなことに遭遇しないように気をつけるのも私たちの役割です。

経験させたいことと経験させたくないこと。どちらに対しても大人はよく考えて準備し、子供たちにもしっかりと準備をさせる。野球の試合に臨むだけではないという意識をチーム全体で共有することが大切です。

8 「どんな終わり方をするのか」イメージする

短期間で作り上げられたチームとはいえ、寝食を共にした仲間たちと優勝をめざしてひたむきにプレーした時間は尊い。大会後半になれば、「もうすぐ終わってしまう」「優勝したい」「でも早く家に帰りたい」など、心の中は複雑に揺れ動きます。

ワールドカップは台湾の台南市での開催が通例となっており、ホテル、球場ともに環境は素晴らしいのひと言。とくに圧倒されるのは台湾戦の観客動員数。以前は台湾のプロ野球チームの球場を使っており、スタンドの収容人数は1万人を超えます。

台湾の少年野球はレベルが高く、決勝には決まって顔を出すのですが、その決勝戦は球場がほぼ満員になります。

２０１９年からは、同じ台南市に新設された観客２、３千人収容の少年野球専用の球場での開催となりました。以前から日本の子供たちにもあの大観衆の中で試合をさせてあげたいと思っていましたが、子供たちの頑張りにより、２０１９年についに超満員のスタンドの中、決勝戦で台湾に挑むこととなりました。

日本代表の子供でもさすがに超満員の観衆の中で野球をしたことはありません。ただでさえ決勝の緊張があるのに、スタンドからは台湾応援団の猛烈な熱気。圧倒されるのも当然です。普通の少年野球ではとても味わえない雰囲気。私も感無量でした。

ワールドカップで日本勢初の決勝進出となったこの大会、子供たちの必死の頑張りも一歩届かず、０－４という結果に終わりました。残念ながら世界一は逃したものの、準優勝。立派な成績です。

試合後の表彰式と閉会式を控え、悔しさをこらえきれない日本チームの子供たちは周囲の目もはばからず涙が止まりません。

「ほら、表彰式が始まるぞ」

そんな姿を愛《いと》おしく見ながらも行動を促します。シクシクと泣きながら整列する日本チームの子供たち。予選、スーパーラウンドと目覚ましい活躍を見せた日本チームからは個人賞に選ばれる子も出ました。台湾、韓国、アメリカ、中南米などの強豪国を相手に準優勝、個人賞にからむ活躍は誇らしい結果です。これから成長していくうえで、最高の思い出と自信を身につけたのではないかと思います。

表彰式が終わり、チームで記念撮影をしようという流れになりました。

「はい、並んで！」

「ほら、お前もっとこっち」

まとまって「はい、チーズ！」。

気づけば、そろそろ笑顔も見えてきています。「子供は切り替えが早いな」と笑みを浮かべつつ子供たちを見回すと、まだ泣いている子が。ということは、表彰式中ずっと泣いていたのでしょう。

大会関係者が個人賞をもらった子をそれぞれ写真に収めようと、一人ひとり呼んで写真を撮っていきます。それでもその子はまだ泣いている。

「おい、まだ泣いてんのか」

そこにいた日本チーム関係者の大人たちは、みな「まったく、しょうがないな」という表情で慰める。慰めたところで収まらないことはわかってはいるのですが。

しかし、私にはその光景が微笑《ほほえ》ましく、嬉しい気持ちでいっぱいになりました。

じつは、私の中には「どんな終わり方をするのか」というテーマもありました。勝って大喜び。負けて大泣き。大活躍だった、打たれてしまった、打てなかった、ミスをしてしまったなど。さまざまな筋書きのない終わり方が訪れます。


どんな最後を迎えるかによって、話す内容も伝え方も変わります。


もちろん勝つに越したことはありません。しかし、順位決定戦などの試合に勝ってまずまずの成績で終わるよりも、優勝を逃す、あるいは悔しい敗戦という結果のほうが子供たちにとっては今後の成長の糧になるものです。

中途半端に自信が芽生えるくらいなら、課題を残して終わったほうがさらなる高みをめざしていける。日本にもまだまだ自分たちよりも上手な子がいるだろうということは薄々わかってはいるとは思いますが、もっと視野を広げて「世界はどうか」と考えてほしい。

高い目標ができ、それによってやるべきこと、考えるべきことが変わってくるからです。

彼らはまだまだ世界に向かうには早い年齢ですが、その意識をもち実際に行動していけば、いずれ必ず周囲との差を生むと思うのです。
そういう意味で、いつまでも泣いている子を見て、希望を感じたのでした。

9 「挫折」を経験させる

スポーツというのは時に残酷です。勝者と敗者には、どんなに慰められても縮まらない距離があります。

「負けて悔いなし」「さわやかに散る」など、日本には敗者を称える言葉もありますが、全力でプレーし、実力をいかんなく発揮したうえで負けてしまったとしたら、上をめざしたい選手にとってはこれほど悔しい結果はありません。

「いい試合だった」「みんな胸を張って帰ろう」

私たちも子供たちにはそう声をかけることがありますが、それ以上かけられる言葉が見つからないというのが本音でもあります。もちろん、涙が止まらない子供たちは、おそらくそんな言葉くらいでは「そうだな、よくやったよな」とはすぐには切り替えられないでしょう。

「子供なんだからいい思い出でいいじゃないか」などと言う人もいます。しかし、子供たちにもプライドや自信、試合にかける思いはあり、それは大人と大差はありません。まだ小さな心の中に、いま考え出せる目いっぱいの思いを詰めて戦っています。もしかしたら、人生経験が少ない分、負けた時のショックは大人よりはるかに大きいかもしれません。

どれだけ泣いても変えられない現実がただただ悲しく悔しい。その思いは痛いほどよくわかります。子供たちにとっては初めての大きな挫折かもしれません。

「まだまだ敵は多い。もっと高いところをめざさないとまた負けてしまう」

そんな思いを抱いて次に向かってほしい。勝利を求めつつ、涙から新たな感情を見出してほしいとも思う。成長して「あいつは強い」と言われる人は、そんな経験をたくさんしています。

なんとも勝手で、矛盾した監督ですが、子供たちのこれからに効く刺激を与えて終わりたいといつもひそかに思っています。

10　批判も称賛も半分だけ聞く

12歳とはいえ日本代表の選手たち。選ばれたというその一報は、その子本人だけでなく、家族や親戚、友達やその家族、所属するチームの監督やコーチにとっても、嬉しく誇らしいことでしょう。日本代表としてプロと同じＪＡＰＡＮのユニフォームを着て国際試合へ向かうわけですから、たいへんな名誉です。

「すごいねぇ」「将来はプロ野球選手間違いなしだね」「サインもらっておこうかな」

おそらく、そういった声があちらこちらから聞こえてくるでしょう。でも一方で、

「あの子がＪＡＰＡＮなの？　うちの子のほうが断然上手いのに」

「オレはＪＡＰＡＮの選手から三振取ってやったぜ！」

「オレはＪＡＰＡＮからヒット打ったぜ！　ＪＡＰＡＮなんてあの程度か？」

といったやっかみの声が聞こえてくるのも事実です。みながみな心から祝ってくれるとは限りません。

そういった人たちの本音が、選ばれた子供たちの耳にも届くことがあります。これは〝ＪＡＰＡＮ〟のユニフォームを着た子供たちの宿命とも言えます。

現実のほとぼりがいつ覚めるのかもわからず、我慢の日々になることと思います。そのことは子供たちが招集された時、チームが解散する時などに必ず話します。せめて、そうした現実が存在することをあらかじめ知っておいてほしいからです。

その話の中で必ず言うのは、「批判も称賛も半分だけ聞いておきなさい」ということ。スポットライトが当たる選手を見て、「なんであいつが」という思いは大人、子供にかかわらず、人間がもつ普通の感情です。ただ、「他人の評価が本当の評価」とも言えます。

「あの程度か」と思われたなら、人からはそう見えるのだということ。それもまた現実。

こういった声を全部まともに受け止めていては、心が耐えきれなくなってしまいます。ましてや、その批判の対象はまだ11～12歳の子供。聞き流してひょうひょうとしていられる子はほとんどいないでしょう。**批判的な言葉は僻《ひが》みもあるが現実でもある。だから、「半分だけ聞いておきなさい」と言うのです。**

逆に、褒めてくれる人もたくさんいますが、心の底から称賛してくれているかどうか。疑うわけではありませんが、やはりその裏にどんな感情が秘められているかはわからない。

また、褒められたことを全部真に受けてしまい、「オレってすごいんだ」と自惚《うぬぼ》れてしまえば選手としての成長はそこでおしまい。だから賛辞は鵜呑みにはせず、でも、せっかく褒めてくれているのだから、その言葉は「半分」だけはいただいておく。

批判も称賛もたんなる人の意見ではありますが、現実でもあります。ただ、それは自分にとってプラスにもなるがマイナスにもなる。

半分だけ聞いておけば間違いはない。聞き流す方法、受け入れる方法としてはそんなところだと思っています。

そういえばこんなことがありました。

アジア選手権を終えて帰国する際の台湾の空港で、荷物のチェックをするために子供たちともに並んでいた時のこと。その列のあいだには数人の一般客も交じっていました。

子供たちは帰国できる嬉しさもあり、体を振り返らせて仲間たちとおしゃべりをしていました。その時、ある子が背負っていたリュックが隣の一般客に当たってしまったようなのです。

リュックを当てられた年配の日本人男性は渋い表情で、子供たちに何やら文句を言ってきました。たしかに失礼なことではあったので、その子も「すみません」と謝ったのですが、その後も男性はブツブツとこぼし続け、しまいには「日本人の恥だ」と言い放ち、後ろにいた私に「あんた責任者か？　ちゃんと教育しとけ」と吐き捨てた。

私は黙ってその男性を見ていました。

これが、いろいろな人間がいるという現実です。子供たちはどう受け止めたのか気になりましたが、当事者となった子は少し沈んだような表情をしています。

批判も評価も半分だけ聞く
営業トップ？
UP↑
UP↑
UP↑
すご〜い！
なんか
調子のってない？
DOWN↓
DOWN↓
感じわる！
DOWN↓
先輩、
な〜んか
異様に
疲れたわ
……
半分だけ
聞いとけば
いいんだよ！
よいことも、
悪いこともな
どよ〜〜ん

するとその横にいた子が沈んでいる子にこんなことを言いました。

「いいんだよ。半分だけ聞いとけよ」

私が話してきた〝半分だけ〟とは少し状況は違いますが、ちゃんと頭に入れておいてくれているのだと少し嬉しい場面でもありました。

11 チームに興味をもたせる

集団ができれば、小さな問題は少なからず起こります。

やった、やられただのという小さなけんか、忘れ物、遅刻、わがまま、物を壊したなど。子供たちが起こす問題ですからだいたいのことは対処でき、それなりには収束するのですが、なかには習慣化されているものもあるため、その場合、一度や二度の注意ではなかなか治らないこともあります。

たとえば、自分が練習する時間と手伝いに回る時間について。

バッティング練習では、ボールの数は限られているため打ったボールを集めながら進めていきます。ということは、打っている子たち以外のほとんどがボール拾い役になります。

1組5、6人で3組ほどのグループを作り、順番にバッティング練習をさせていき、次の順番のグループにはタイミングを見て声をかけて準備をさせる。それ以外は、打球を追いながらボール集めです。

この時、自然と人が密集している場所としていない場所ができます。ボール拾いの子たちが誰もおらず、飛んでいった打球が点々と落ちたままになっている。それはなぜかと言えば、ちょっとしたすきについついおしゃべりが始まってしまうから。

打球を追っていったら近くに他の子がいたなど、ちょっとタイミングが合うと楽しい会話が始まってしまう。井戸端会議を大人がするのと大差はないので仕方がないのですが、自分が打っている時にはほかの子がボール拾いをしていることを忘れてはいけません。

自分が直接練習を行なう側である時は興味をもって一生懸命やるのですが、その時にはほかの子たちが手伝う側に回るのは当然と思ってしまっている。なのに、自分がバッティング練習を終えると、ボール拾いには一生懸命になれず、退屈しのぎにほかの子とおしゃべりを始めてしまう。

たいした問題ではないし、注意をして位置を散らせばすぐに解決することがほとんどですが、２度、３度注意をしてもまたすぐに戻ってしまうこともありました。

その子たちの性格もあるのでしょうが、さすがにそれ以上続くようだと、形式的な注意ではなく、叱るという意味を含めた注意をしなければならない。

もちろん、「言うことを聞け」という意味ではなく、自分が打っている時はほかの子が手伝いをしてくれているのだから、それ以外ではほかの子のために動こうよという意味。

自分のやることにしか興味がないというのでは困ります。チームを作るうえで、「チームに興味をもたせる」ことは非常に重要です。

またある時は、同室の子たち複数人が寝坊してしまい、仲間は起こさず自分だけが慌てて部屋を出てしまった子もいました。

チームで動く以上、〝自分さえよければ〟はNGです。どんな事情があったにせよ、一喜一憂を共有できる仲間にならなければならないし、そんなチームをめざしてほしい。

〝自分さえよければ〟という考えは、結果的に〝自分さえもよくはならない〟ことを理解してほしいのです。結局この時も、遅れて来た子たちよりも自分だけ来てしまった子のほうが叱られる羽目になりました。

チーム内でのコミュニケーションを大事にし、お互いに行動を調整し合ったり、助け合ったりというのが本当のチームワーク。簡単に言えば、**チームワークとは「思いやり」**です。「チームワークがよい＝仲がいい」ではありません。

「仲間のため」に行動する。チームとはそういう場所なのです。

12　だらしない生活を送らせない

U‐12では、招集された時点で保護者とは隔離されます。これは、自分のことは自分でするということや、何か問題が起きそうな時には仲間と協力して解決すること、国内外を問わずその場の環境に応じて生活できるようになることなどが狙いです。

たとえば、決まった時間に起きることに始まり、身の回りの整理や持ち物の確認、洗濯物を出すなど着る物の整理、食事の選択、就寝、生活のなかでの自制や時間管理など。

日常生活では、どこかで親の声が飛んでくる。11～12歳ですから言われなければ動かないことがあるのは当然です。一般的には、家の中で子供が家事全般を行なうのも考えにくい。

しかし、じつは子供たちは言われなくてもできることが意外と多く、大人が考えているほど未熟ではなかったりします。親が先に動いてしまうために、本人がその能力を発揮する機会を得られない。その結果、いざやれと言われてもやり方がわからない、面倒くさい、そのうち誰かがやってくれる。そんな考え方が身についてしまいます。

U-12に選ばれた子供たちには、日常生活全般において自分で考えて行動することを大事にしてもらいたいと思っていました。

そのなかで、**よくある「やらない」こととして、〝洗う〟こと**が挙げられます。

まず、「自分」を洗わない。

そう多くはいませんが、毎年何人かは練習や試合を終えて宿舎に帰ってきてもすぐにはシャワーを浴びようとしない。そのうち、食事になり、ミーティングの時間になってしまうという子がいます。子供なので、汚れやにおいなど気にしないのでしょう。

とくにそれで叱りはしませんが、さすがに子供同士でも「お前くせえよ！」となりかねないので、汗をかいたらシャワーを浴びなさいと何度か言うケースもあります。

次に、日常着る物を洗濯に出さない。

Tシャツや靴下、下着などを洗わず何日も着ている子がけっこういます。大会に入ればだいたいのものはホテル側に洗濯を頼めるのですが、国内合宿や大会によっては野球のもの以外は受け付けてもらえない場合もあるので、自分で洗濯しないといけないことがしばしば発生します。

そんな時は、風呂場での洗濯法や、乾いたタオルに巻きつけるようにして脱水する方法、干し方などを指導することもあります。とにかく少々の不潔感などどこ吹く風のように過ごしてしまうので、「日本の子はくさい、汚い」と言われないように気をつけなければなりません。

その他、洗うではありませんが、**部屋の片づけ**も毎日のように言ってきました。

試合に向かう際、気持ちを整理し、さあ行くぞと部屋を出る。その時、部屋に衣類やゴミが散らかっていたり、布団がグチャグチャだったりということでは気持ちも昂《たか》ぶりません。

また、ある程度定期的に片づける習慣をつけておかないと、ゴミを放置しても気にならなくなり、その辺にあるものを着ては脱ぎという生活になってしまいます。

日常生活においては性格もあるし、普段の習慣もあります。保護者の方々にいつも思うのは、野球もさることながら、だらしない生活をしていないかどうかも心配してくださいよ、ということ。

家庭でのしつけや教育の様子は、子供たちを見ていればだいたいわかります。「他人行儀」も少しはあって然《しか》るべき。**グラウンド以外でも自分自身を洗練する訓練の一つとして、生活習慣に気を配り、労力を惜しまないこと。**少しでもそんな気持ちをもってもらえたらと思って指導してきました。

ただ、少々のことは気にしないことやまだ不出来なところが子供らしくて面白く、そこを教育することも指導者としての楽しみの一つでした。

13 育ってきた環境は人それぞれ――思い込みの怖さ

一つやってしまったことがあります。

これまでにU-12として訪れたのは、フィリピン、台湾、中国の3か国。ここ最近はアジア選手権、ワールドカップともに台湾での開催となっているため、比較的安心して大会に臨むことができます。

過去には水道水に注意をさせたり、においのきつい食べ物が多かったりと、子供たちも口に入れるものには苦戦したこともありました。

ある時、全員に行き渡るようにジュースを買ってあげようと思い、ホテルの売店で人数分を買って分けさせました。海外で日本と同じ味のものといえば炭酸飲料です。普段ミネラルウォーターばかりだったので、そろそろ刺激のあるものも飲みたいだろうと思っていました。

ところが、です。

大会終了の夜、連盟スタッフが日本食のお店を用意してくれました。好きなだけ食べ、飲み物も好きなものをということで、子供たちも大喜び。久しぶりの日本食、炭酸飲料も好きなだけ注文し、楽しい最後の夜でした。

そんななか、私の隣に座っていた子は一人ずっとオレンジジュースを飲んでいました。

「なんだ、オレンジジュースでいいのか？　みんなコーラとか飲んでるぞ」

そう聞くと、驚きの答えが返ってきました。

「僕いままで炭酸ジュースとか飲んだことなかったんです。この前監督がみんなにジュースを買ってくれた時に初めて炭酸ジュースを飲んだんです。美味しかったです」

ハッとしました。やってしまった感もありました。

せっかくここまで両親がなんだかんだと理由をつけながら炭酸ジュースを飲ませずにきたのに、なんと代表チームがあっさりとそれを破ってしまった。

〝そういう家庭もあるよな〟

各家庭の大事な子供を預かるというのは、そんなところにも気を配らなければいけないなと思った瞬間でした。

14 食事に連れて行く意味

食事は日常生活においての大事なひと時です。それは、子供も大人も同じこと。大会期間中、必ず日本食や子供たちが食べたいものを食べに連れて行くのが私の中の恒例でした。これには三つの意味が込められています。

一つ目は単純に毎日の食事に飽きてしまうから。

ホテルの食事が美味しくないわけではありません。台湾・台南市のホテルなどは部屋もきれい、食事も種類豊富なバイキング。これ以上ないほどの待遇なのですが、さすがにずっと続くと子供たちも飽きてしまいます。日本食らしいものもあるにはあるのですが、日本の味とは違います。数日もすれば純粋な日本食が食べたくなるのは大人も同じでしょう。

栄養を考えてバランスのよい食事を心がけさせるのも一つの教育ではありますが、強制すべきものではありません。食事を苦痛に感じさせてしまってはかわいそうですから。

二つ目の意味は、大事な試合を前に気持ちをリフレッシュさせ、生活にメリハリを感じさせるため。

毎日ルーティンのように試合が行なわれます。時間帯や相手の力量の違いはあっても今日も明日も試合です。それが目的なのだから当たり前なのですが、ホテル生活では行動にも制限があり、試合と練習以外の時間はほぼ缶詰め状態。やることもないし、気がつけば食事の時間になり、同じような食事を毎日とっている。

いざ大事な試合だぞといっても、切り替えがつねに利くほど人間は万能ではありません。「よし、これで頑張れる」そう思えるきっかけが必要です。そのためには気持ちをリフレッシュすること。リフレッシュすれば活力も生まれます。

その手段の一つとして食事は非常に有効です。

いまや海外でも日本の外食チェーンはどこにでもあります。そして子供たちの大好きなハンバーガーチェーンも探せばすぐに見つかります。

「食」は、気持ちを統一させたり、心をつかむ一つのアイテムです。よく聞く決起集会というのはそういうものです。

最近の若い子は食事や飲みに誘っても断ってくる場合が多いので、職場ではなかなかそうもいかないのかもしれませんが、私にとってはこれも子供たちを思う情熱の一つ。子供たちの「嬉しい」を引き出すのもマンネリ解消には必要なのです。

最後、三つ目の目的は「思い出」。

日本代表として海外で試合をすることは、間違いなく最高の思い出になります。野球少年にとってはこれ以上ない名誉です。成長しても当分のあいだは頭に焼きついていることと思います。

しかし、いくら試合をしに行ったとはいっても、振り返ってみて思い出が野球の試合しかないのではかわいそうです。しかもほとんどの大会は夏休み中に開催されるのですから、野球以外でも何か思い出を作ってあげたい。

食事だけでそう深い思い出になるとは思いませんが、日本で同じものを食べた時に「そういえば台湾でもこれ食べたなぁ」と、少しでも思い出してくれればいい。

状況を思い出せば仲間のことも思い出す。チームメイトとはずっと友達であってほしいので、思い出すきっかけにもなってほしい。どこか頭の片隅にU-12のことを置いてくれていたらという思いもあります。

思い出をより深く。それも食事に連れていく理由の一つです。

「監督、ハンバーガーもう一つ食べていいですか?」

「もう一つ定食食べたいです!」

私の答えはもちろん、「いくらでも食べなさい」。

子供たちの声がいまも、そして、いつでも頭の中に残っています。

ユニフォームを脱げば普通の小、中学生。緊張感から完全に開放され、いつもの調子を取り戻す時間も必要です。私にとっても〝子供〟を預かっていると感じる楽しい一場面。そして、子供たちの嬉しそうな顔が、「よし、頑張ろう」と思う、私の活力になるのです。

15　指導の経験を次に生かす

侍ジャパンU‐12。愛すべき子供たちとてんやわんやの毎日を過ごすことは、私にとってかけがえのない時間であり、これ以上ない学びです。

子供たちのためにと思って取り組み、接していますが、実際にどれくらい子供たちのためになっているかは正直いまだにわかりません。

しかし、できることはそう思って向き合うことだけ。

毎回の経験を次に生かし、さらに学び、考えること。

指導するとは、たんにその分野について知っていればいいわけではありません。学ぼうとすればするほど、あれも必要、これも必要となってしまいます。でも、それが指導者という立場の宿命であり、使命だと思います。

よく**「学ぶことをやめた時は指導者を辞める時」**と言う人がいます。本当にその通りだと思います。どんなに面倒でも、どんなに疲れても、もっと深く指導について探ろうとする気持ちや労力を失った時は指導する資格を失った時。

「人のため」が自分のためになり、「自分のため」が人のためになる。

その意欲はずっと失ってはいけないのだと思います。

16 挨拶、お礼は大事

野球というスポーツは道徳的な教育ができる一面があります。

「礼に始まり、礼に終わる」こんな言葉も使われます。

昨今、スポーツに対する考え方も変わってきました。みんなが選手であり、みんなで楽しくプレーする。いまだに暴言、暴力がなくなっていない事実もありますが、大方の少年スポーツではエンジョイすることが基本的な取り組みとなっています。

しかし、それでもやはり挨拶や返事などの礼儀についての指導は変わっていないはず。スポーツをする以前の問題ですから、変わってはいけない部分です。

日本のアマチュア野球においては、整列をして「お願いします」と帽子を取って、頭を下げることから試合は始まります。高校野球くらいまでは、打席に入る時は審判に「お願いします」。ピッチャーが新たにボールをもらう時も審判に帽子を取って頭を下げます。

やや過剰ではありますが、こういった振る舞いは野球ならではの文化であり、残すべき伝統です。

なぜなら、審判はほぼ確実に大人が担当し、子供たちの試合を進行させてくれるから。べつに審判に気に入られるためではなく、審判という立場であり、それが大人であるのだから、選手側が偉そうにしていいわけがない。子供なのだからというよりも、スポーツマンとして、人間としての一般常識です。

挨拶やお礼をして損をすることはありません。また、相手チームに対しても必要以上に敵意むき出しになる必要もありません。プロの場合は、また話は変わりますが、スポーツマンシップを植えつけるのは早いほうがいい。屁理屈を考えるようになる前にそういうものだと覚えさせておくほうが得策です。

国際試合に行くと文化の違いは明らかです。

挨拶をする国としない国。順番を守る国と守らない国など。

なかには「どうせ大人にやらされているんだろう」と、子供たちの振る舞いを否定的に見る国の人間もいるようですが、礼儀に関しては教えなければわからない。たとえ、いまはそうしなさいと言われてやっているとしても、成長する過程では必ず身につけなければならないこと。むしろいくら子供でも、**挨拶すらできないチームというのは指導力を疑われて仕方のないことなのではないでしょうか。**

国際試合ではいろいろな国の文化を見ることができますが、一般的な教育すらされていない国も少なくありません。

ある国の子供たちは、食べているひまわりの種の殻をホテルの廊下やエレベーターの中にぺっぺと吐き捨て、それを注意した他国の大人に対して挑戦的な態度をとる子もいました。また、ホテルの廊下を走り回り、人の迷惑などおかまいなしに大騒ぎをする代表チームもありました。

ワールドカップ、アジア選手権それぞれの監督会議でもよく連盟の方から注意があります。「ホテルでの過ごし方に気をつけてください。幼稚園児のように騒がないように」と。

しかし、毎回風景は変わりません。おそらく多くの国の子供たちが台湾に来るのは初めてでしょう。文化が違うことも理解はしていないでしょうし、旅行気分になるのも仕方がないのかもしれません。とはいえ、そんな状態を見て指導者は何も感じないのだろうか、

人は礼儀が９割

さわがしい……
マナー悪すぎだろ
忘年会
ガハハハハ
うちの会社は
ダメだ！
社長はバカだし。
２代目が何だ！
そうだ！
そうだ！
あの
社章……
じー
げっ!!
うちの会社！
新年度より就任する
２代目社長

とも思います。各国、文化が違えば考え方も違いますが、そういった振る舞いに日本の子供たちが流されないようにとつねに気をつけてきました。

ただ、日本の子供たちにも足りない点はもちろんあります。

並ぶことには慣れていても、「お先にどうぞ」ができないことも多い。

とくに食事に関しては、バイキング形式なのでその機会は多く、欧米の子供たちのほうがマナーとして身についている場合もあります。エレベーターも各国が使うため、すぐにいっぱいになってしまう。どうしても我先にとなりがちなので、周りを見て行動するように と話すこともありました。

結局、挨拶も含めて教えていかないと、本人が必要だと気づくまでできない、わからないということになってしまいます。そんなことで人としての価値を下げてしまってはもったいない。指導やスポーツに対する考え方はどんどん新しくなっていますが、礼儀、行儀といった変わらない部分、変えてはいけないものもあるということを理解しておくべきだと思います。

17 「周りの意見を聞かせる」ことで視野が広がる

スポーツを通して獲得できる力として、「意志力」が挙げられます。

興味をもってより深く取り組むようになると、自分なりの意見や発想、理想といったものができてきます。行動にも変化が表れ、それまでには見せなかった成長を見せるようになります。

U－12ではミーティングの時間を大切にし、どんな思いをもっているのか、自分の意見はどうなのかを考え、話し合う学びの場としています。

一人ひとりの考えを尊重しながら、話を聞き、ほかの子にもそれについてどう思うかという意見を求める。いわば学級会のようなものですが、自分の中にある考えを引き出し、アウトプットすることで答えが見えてくる。

こちらの役目は、その意見を引き出させること。否定をしたり、いちいち細かい指摘をしたりはしません。**あくまでも本人の意志を作り出すこと、ほかの子の意見を聞きながら視野を広げさせることが目的です。**なぜそう思うのかというところまで深堀りさせることで、理由をもって何事にも行動することにつながります。

こういった取り組みの積み重ねによって、子供たちそれぞれの発想力や考える力が磨かれていき、指示を待つ子ではなく、自分から行動を起こす、逆に指示を出すリーダーになっていくと私は思っています。

18 家族じゃないから、教えられること

普段は言われなければ何もしないという子供も多いのではないでしょうか。朝一人で起きられない。着替えにも時間がかかり、のんびりと食事をとる。夜はなかなかお風呂に入らない。寝るのも遅い、などなど。

どこの家庭でも少なからず「ほら早くしなさい」の声は飛んでくる。それは一般的なことではありますが、やろうとする前にやらせてしまうのは、子供が考えて行動するという力を身につけるタイミングを奪っていることにもなります。そういった場面はなるべく少ないほうがいい。

とはいえ、やれと言わないと本当にいつまでもやらないのが現実かと思います。そんな時に役に立つのは〝他人〟です。

子供の教育には、「家族だからできる教育」と「他人だからできる教育」があると思っています。他人では踏み込めないけれども家族だから言えること。逆に家族では踏み込めない部分や言い切れないことが他人には言えるということもあります。

「早くしなさい」については、家族がいくらうるさく言っても子供は慣れっこになってしまってまったく響かないことがほとんどだと思います。

そういった**しつけや行動について、ある程度の厳しさをもって効率的な指導ができるのは他人だからこそです。**親子ほどは近くなく、まったく知らない人でもない。学校の先生より強く出ることもできる。家族構成や家庭の事情などもある程度理解していて客観的な答えを返すこともできる。会社の上司も同じような立場でしょう。

「それではダメだよ」「言われなくても行動しなさい」

身内では効果がないこんな言葉でも、指導者から言われればハッとする。親の言うことはもっともだと内心では理解していても、身内だとどうしても甘えが出る。でも他人に言われるとその甘えを指摘されたようで、行動を改めざるをえない。

家庭の中だけではやりきれないことを教育するのも、指導者の務めだと思っています。

19 考える力を伸ばす――木内幸男監督の教え

野球とは、要所で監督やコーチが指示を出し、言われたことを実行するという側面があるスポーツです。ベンチの戦略が明確である場合、選手たちはサインやジェスチャーによる指示を受けて実行します。

しかし、その一方でボールがいったん動き出せば、各プレーに携わる選手をサポートしてくれる存在は基本的にいないというのも野球の特徴。サッカーやバスケットボールのようにパスを出して敵の接近を回避したり、攻撃の形を作ったりということはほぼありません。団体スポーツ、チームスポーツというなかにあってもやや特殊と言えます。

たとえば、ピッチャーが投球する際、一球一球誰かがアドバイスをすることはありません。せいぜいキャッチャーが打たれないように配球を考えてサインを出してくれるのが限界です。

そのサインですら、本来はピッチャーへの提案という意味。キャッチャーが上手くリードしてくれたというコメントはよく聞きますが、首を振って違う球種を選択する権利をもつのはピッチャーですから、球種の選択やその責任はピッチャーにあるということ。

また、そのサインを提案するキャッチャーにおいても、配球のアドバイスを誰かが随時してくれるわけではなく、自分の考えで提案しているのです。**プレーに携わる瞬間どうするのかの判断はそれぞれの選手に委ねられており、技術だけでなく、何をなすべきかという的確で素早い判断力が野球には求められます。**

私の母校である茨城の常総《じょうそう》学院ではそういった野球をつねに求められていました。

当時の監督は名将と言われた木内幸男《きうちゆきお》監督。指示や言葉には必ず「意味」がありました。

試合中、木内監督はベンチで戦況を見ながら采配とプレーの解説をしています。

「いまのキャッチャーの配球はよかった。バッターも頭になかったはずだ」

「次にカーブが来たらバッターの勝ち」など。

起こった結果の解説や予測のようなことをずっと話しており、私たちはそういった言葉やサインに込められた意味をおのずと考えるようになっていました。ですから、まれにですが、「この場面はこのほうがいいんじゃないですか？」と尋ねることもあります。

高校1年生の時から試合で使ってもらい、1年生にして夏の甲子園で準優勝という経験をさせてもらいました。数か月前まで中学校で軟式の野球部にいた私にとっては快挙です。

ただただ一生懸命にプレーしていました。

それも本心なのですが、すでに木内門下生の血が流れ始めていたため、1年生ながら甲子園の大舞台で木内監督のサインに対しても提案をします。

ネクストバッターズサークルに行く前に呼ばれ、「エンドラン出すから頭入れとけ」と言われたのですが、その時の相手投手は香川・尽誠《じんせい》学園の剛腕伊良部秀輝《いらぶひでき》投手（のち千葉ロッテマリーンズ、ニューヨーク・ヤンキースなど）。普通に構えて確実にゴロを打てる自信がもてませんでした。

ですからすぐに提案しました。

「監督、バスターエンドランでもいいですか？」

普通の構えからバットを振るエンドランよりも、一度バントの構えをしてから小さな動きでバットを振るバスターのほうが当てる確率も上がります。

木内監督も「よしわかった」。そう言って送り出し、見事にバスターエンドランはヒットとなって成功しました。

また、同じ甲子園決勝戦の最後の打席。ノーアウト1塁。3点のビハインドでしたが、サインはみずから出塁をめざすセフティバント。しかし、ここでもアレンジします。

右バッターのセフティバントというのは、通常は進塁方向とは逆の3塁に向けて転がすため、ボールの行方が視界から消える。自分も生きることを考えると成功率は低い。だったらファーストとピッチャーのあいだに転がすほうがスペースもあるし成功率は高まる。

そうみずから判断し、見事成功しました。

送りバントのケースなどでは、相手が前進守備のバントシフトを敷いてきた際、サインだからと言ってそのままバントをやってしまってはいけないのも木内野球。相手が前に出てきたのならそこに向かって強打するか、ガラ空きになった内野の後方スペースにふわりと飛球を打つという機転が必要です。そのままバントをしたらアウトになるのは目に見えているのだから、当然の判断です。

好き勝手に何をやってもいいということではなく、監督の意向を踏まえたうえで理由をもってそれ以上の正解を見つけたのなら、それは許されるというのが木内野球。戦況を考えて常識的に判断することも求められます。

ただ「自分はこう思う」程度の安易な解釈で決行しては、後々説明がつかずに叱られるのが関の山。言われなくても、みずから考えて行動すること。もちろん、自分の判断で行なうのですから、**「責任は自分にある」**という覚悟も必要です。

20 「なぜ?」を考えさせる前に、自分が考える

ここまで、U-12での経験を振り返り、私がめざす指導者像の概論を紹介してきました。

子供たちにとってU-12に選ばれること、また、U-12の存在意義について私も一般論として考えることはよくあります。

これからどう変わっていくのかもわからない子供たちを集めて、「現時点では日本を代表する選手です」と言っても将来の野球界にどんな影響を与えられるのか。正直、まだまだ未知の分野です。しかし、そこにどんな意味をもたせられるのかは、私たち携わる人間に与えられた使命であり、責務なのだと思って取り組んできました。

そのうえで、指導というのは教えることも重要ですが、「なぜ？」を考えさせることはもっと重要です。なぜそうするのか、なぜこうなってしまったのかなど、自分で問題や課題を見つけてその答えを埋めていく作業も選手の成長には欠かせません。

それには指導する側もつねに言葉や指示に理由をもち、選手たちにもその理由を考えながら行動する習慣をつけさせなければならない。考えて行動するということは、指導される側だけでなく、指導する側の姿勢も問われるものだということです。

指導する側がつねに意味をもって向き合えば、必ず相手も答えてくれる。

考えさせたければ、まずは自分が考える。指導はそこから始まります。

Column

いま、テレビゲームをやらせるべきか

「スポーツは、心身の健全な発達、健康及び体力の保持増進、精神的な充足感の獲得、自律心その他の精神の涵養《かんよう》等のために個人又は集団で行われる運動競技その他の身体活動であり、……」

こんな一文が、スポーツ基本法の前文に記されています。

スポーツとは心身を形成するうえで効果的な活動であり、周囲の人との調和や個人、チームの目標達成に向けて努力することの大事さなどを体感できます。

近年では気候や治安、ウイルス、遊べる場所などの変化によって子供たちも自由に遊び回れる機会が少なくなっています。そのため運動をすることを億劫《おっくう》に思う子供も多く、スポーツをするかしないかの二極化が進んでいるとも言われています。

テレビゲームではコントローラーでキャラクターや仮想の自分を思うように操れる。それくらい軽快に動き回れたら楽しいだろうし、とくに疲れもしない。

ところが、実際にスポーツを体験するとなるとそんなに上手くはいかないし、とても疲れる。だからスポーツは面倒だし、面白くないと感じてしまう。そんな心のスパイラルのようなものが、仮想の世界の魅力をグッと引き立ててしまうのかもしれません。

たしかにテレビゲームの中では、主人公にもスーパースターにもヒーローにもなれる。また、オンライン上では仲間やライバルもでき、世界中の人と対戦できる。それはそれで楽しい世界なのでしょうが、そこに早いうちから没頭してしまうとなかなか実際にスポーツをやろうとはならない。

「動く」という行動や感情をもっていかれてしまう。

ただ、だからと言って、イヤだという子を無理にスポーツへと引き込むのは逆効果です。時間を要しても、徐々に興味をもたせるほうが子供のストレスは軽減されるはずです。

子供の発育には段階があり、発達のある時期の経験が他の時期の経験より大きな影響力をもつというような、特別な時期が存在するという考え方があり、これを「臨界期」と言います。一方で、子供がある課題の練習によって進歩できるようになる前に、身体面、心理面、行動面での一定の必要条件が習得されていなければならないとされる考え方を「レディネス」と言います。

また、成長段階の話では必ずと言っていいほど紹介されるのが「スキャモンの発達・発育曲線」。詳しくは後述しますが、リンパ型、神経型、一般型、生殖型の成長曲線があり、どのパーツがどの時期に成長するかがわかります。神経型の発達が著しい小学生年代では「プレ・ゴールデンエイジ」「ゴールデンエイジ」と呼ばれる時期があり、この年代は運動における動作の習得が期待でき、とくにゴールデンエイジでは上達に大きな期待ができます。

やや専門的な話をしてしまいましたが、**発育段階でどんな遊びをし、どんな環境で育ったかというのは子供の成長に密接に関係し、体だけでなく、性格や習慣にも影響を与えます。**

子供たちの成長にはこういった段階がいくつも存在し、そこで吸収したことは大人になっても役立つものもある。またこの間、心の発達も著しく、有能感や競争意識が育まれ、経験からくる認知なども向上し、まさに心身が形成されていきます。

そんな大事な時期に体を動かさないのは、目の前の宝物を拾わずに過ぎていくようなもので、後で取りに戻ることはできません。

子供の成長は身長が伸びるだけではありません。その間に習得できるものは数えきれないほどあります。スポーツにはそれらを網羅する力があり、一生の糧となるものと言えるでしょう。

第2章

覚悟を決める

——知っておきたい心構えと基本姿勢

本章でお伝えするのは、指導者の心構え。技術や知識の前に、自分自身がどうあるべきか。一人の人間として目の前にいる相手とどう向き合い、何を伝えればいいかを記していきます。

初めて指導者になるという方は、まず本章からお読みいただくと、自分がめざす指導者像の輪郭が明確になっていくでしょう。小さい子供をもつ親御さん、若手を指導する立場のリーダーの方は、それぞれ「子供」を息子（娘）、部下に置き換えてお読みください。

1 よく観察する

組織は人事で決まるとよく言われます。どんな組織でもトップに座る人物とその脇や周辺を固める人物によっていかようにも色は変えられます。

私自身は日本代表チームのなかで、トップチームのコーチからアンダーカテゴリーの監督やコーチまでさまざまな立場を経験させてもらいました。

U-12の監督を務めつつトップチームやU-23のコーチを兼任し、コーチから見る監督、監督から見るコーチ、それぞれの立場から見えてくるものがありました。

経験したチームそれぞれが短期的に招集され、大会後に解散という流れのため、選手を理解してあげられない部分もあり、伝えたいことが伝えきれない、心理的なサポートが不十分という点もありました。とくにトップチームの選手へのサポートに関しては、短期間でどう接し、どこまで選手の気持ちに歩み寄れるのかが毎回の課題でした。

その当時は小久保裕紀《こくぼひろき》監督（現福岡ソフトバンクホークスヘッドコーチ）。大学時代からの友人でもあり、選手としても共に戦った仲間です。信頼関係という点では申し分なかった。

小久保監督は基本的に信頼関係のもと、コーチ、選手が出した結果の責任は監督にあるという考えの人。それだけにコーチとしても何ができるのか頭を働かせなければいけない。

そこで私は、代表チーム内にいる球団所属のコーチに話を聞いたり、また解説で球場を訪れた際に各チームのコーチがどんな行動をしているのか、どう選手と接し、どんなところを見ているのかなどをよく観察していました。

当時の日本代表のトップチームのヘッドコーチは奈良原浩《ならはらひろし》さん。現役時代は内野の名手としてうたわれた方ですが、コーチとしても優秀で尊敬できる人です。

ある日、試合前の練習中、私が内野手へノックを打っていると後ろで奈良原さんは選手の動きを見ていました。

突然、奈良原さんが「あれっ？」と声をあげた。

ある選手の一瞬の動作を見逃していませんでした。次々とノックを打っている私は何があったのかわからず振り返って「どうしました？」と聞くと、「あいつ腰気にしてるなぁ。ノックで無理させないほうがいいかも」そう言いました。ノックを打つことばかりに気を取られ、選手のちょっとした仕草を見落としていたのです。

ノックが終わったタイミングでその選手に腰の具合を聞きに行くと、奈良原さんの言った通り、腰に少し張りがあると訴えます。

気づけなかったのは経験の差なのか、自分の不注意なのか。いずれにしても、**選手を見る目は、技術の良し悪しだけでなく、「わずかな違い」を感じ取れることも大事**だと知らされた瞬間でした。

2 「俺の責任」発言に注意

また、球場での解説の仕事でも学びがありました。それは、私にとっては試合前の練習風景を見ること。そのなかで、練習への取り組み、コーチとしての考え方などを話してくれる方はとても貴重な存在。その一人、白井《しらい》一幸《かずゆき》さん（元北海道日本ハムファイターズコーチなど）がコーチとしての考え方を話してくれたことがあります。

「よくコーチが選手に『責任はオレがもつから』って言うだろう？　でもな、選手がやる前からコーチが全部責任取っちゃダメなんだよ」そう言いました。

これはとくにランナー１塁の場面で、１塁ベースコーチが選手の耳元で「こっちが責任もつから走っていいよ」と話すケースなどがあてはまります。

選手時代はその言葉を心強くも感じていたのですが、何がダメなのかを続けて話してくれました。

「選手がプレーをする前にコーチが責任を取ってしまったらそのプレーに対する責任がなくなってしまう。**あくまでもプレーの選択は選手の責任、出た結果についてコーチが責任を取るもの。選手は自分のプレーには責任をもたないといけない**」

非常に納得しました。選手とコーチにおいての責任の所在を考えるうえで理想的だと思います。

コーチの言う「オレの責任」は、上に立つ者の覚悟、人間的な大きささえ感じるようなひと言です。しかし、たとえば盗塁が失敗に終わった場合、責任をもつと言っても、実際どう責任を取れるのかということ。記録上はその選手の失敗であり、その瞬間に試合が終われば明らかにその選手がやり玉にあがる。結局は責任を負わなければならないのは選手です。

コーチが責任を負うと思うならば、試合後に「あれは私の責任です」などと言い回らなければ、誰もそんなことには気づきません。

あくまでもプレーの選択に対する責任はまず選手がもつべき。選手はその選択に自信と覚悟をもって臨み、コーチは信頼をもってその選手の選択したプレーを支持し、間違いがあれば正しながらその責任を負う。そして監督はそれらすべてを受け止め、責任を負うだけでなく、責任を取る覚悟をもたなければならない。その「流れ」がプレーそれぞれにおいて必要であり、それは余裕のある場面でも緊迫する場面でも変わらない。

白井さんのお話は、その後ずっと参考にさせていただいています。

3 「いいチーム」には信頼感がある

監督、コーチ、選手それぞれ背負うべきものが違います。


現場の最前線で戦う選手にはつねに結果が求められ、しかも勝利に結びつく結果であることが望まれます。

そういった選手の現実に近くで寄り添うのがコーチの役割です。技術的アドバイスだけでなく、チームにおけるその選手の立場や役割を伝え、共有し、試合中に判断に迷いが生じないよう準備をさせるのも大事な役目です。

そして、その選手の判断力にあらかじめ方向性を与えることが監督の仕事かと思います。

チームというのは基本的に「監督が醸し出す色」に染まります。戦術や戦略も含めてどんな方針を軸にするのかという方向性を示します。その色に沿ってコーチは動き、選手と向き合います。

コーチは選手たちを平等に見るうえでは、ある時には事務的、またある時には情熱的な部分が必要です。

また、監督や選手に対して、その存在感がありすぎても薄すぎてもよくありませんが、距離感として、どちらかというと選手に近いほうがいいだろうとは思います。選手にとっては、いつも見ていてくれる、味方でいてくれるという安心感が信頼につながります。

監督、コーチ、選手をつなぐのは信頼。役割はそれぞれ大きく違いますが、勝利をめざすことを前提に、信頼し合うことがチームにとっては最も重要です。いいチームとは「そういうチーム」だと思います。

4　「なぜそうするか」を丁寧に説明する

いまの若い世代はちゃんと説明して理解してからでないと動かない、昔と違って面倒な時代になったと嘆く人がいますが、じつはそれは当たり前のことではないでしょうか。

理解もさせないで仕事に取りかかればミスは起こるし、そのたびにやり直しをするようだと仕事は先には進まない。ミスをすれば叱られるのだから、説明をしてほしいと思うのはごく自然なこと。理解をさせたうえで人を動かすというのは、いまの時代だからではなく、昔からそうあるべきだったはず。

「なぜそうするのか」「その結果どうなるのか」などをあらかじめ説明し、目的を明確にしたうえで行動させることは、指揮する側にとってやって然るべきことだと思います。

U‐12の子供たちに対しても、行動やチームのルールについてはできるだけなぜそうするのかということを事前に伝えます。

第1章でも述べましたが、時間を守らなければならない理由、ホテル内での過ごし方や食事の場でのマナーなどの注意事項、グラウンドでの振る舞いからウォーミングアップの動きなどについてもできるだけ、「そうする理由」を説明します。

子供たちに身につけてほしいことや、社会に出てから大事なことを伝えるのは、大人の責務です。また、野球は個人競技ではなくあくまでチームスポーツであり、それゆえ選手それぞれに大事な役割があるといったことも伝えます。

こうした「説明する」という作業を面倒くさがってはいけません。

また、「昔自分がやってもらえなかったことをやってあげている」といった考えは、自分は優秀なんだという勘違いからの傲《おご》りであって、「なぜ」を説明する作業は何ら特別なことではありません。

「説明するのは当たり前」と思っていれば、説明しないと動かないという発想も薄れるのではないでしょうか。

5　「いまの時代」を理解して接する

「いまの若い子はなっとらん」「自分たちの時代はこれぐらいできた」と口にする人もいます。

「いまどきの若いもんは」とは、「オレは年を取った」という言葉の裏返しでしかない。

「自分が生きた時代がいちばんよかった」と思っているのも自分だけです。いつまでも

「あなたの時代」ではいけないわけで、次々と新しい人材が現れてこないと時代は進みません。

「最近の子供たちは」ともよく言われますが、各地の野球教室やU-12の子供たちと接していても、子供たちは昔と何ら変わらない。甘えん坊で、おしゃべりで、大人に目を向けてもらいたくて仕方がない。

また、気難しく、斜に構えるようになる思春期の子供たちも、昔と同じ。何が変わったのかと言えば子供たちを取り巻く環境です。

子供でも携帯電話やスマートフォンを持ち歩き、人とのつながり方も変わった。公園などの遊ぶ場所が失われつつあるなか、テレビゲームはどんどん進化し、子供たちにとっての遊びと言えば「ゲーム」という状況になってきている。

私も「いまの子供たちは」と、考えることはよくあります。しかし、そこで一度こう考えてみます。

〝もし自分がいまの時代に生まれていたら、どうだっただろうか?〟と。

自分が育った時代とは違うからと言っていまを否定する人には、「いまの時代に育った

イマドキの子はダメ？

オイオイオイオイ
何回同じミスするんだよ！
すぐやり直して！いいね！
ぷるぷる
すっすみません……
だからイマドキの子はダメなんだよ
プー
まあまあ
君が新人の時覚えているかい？
20年前――
この資料、間違いだらけなんだけど
あた
すっすっすっすみません……

としても自分は変わらないと言い切れるでしょうか」と聞きたい。言ってみれば、誰しもその時代に着色された人間であって、どんな時代に生きても変わらない人間性であり続けられる人などいるわけがありません。

子供はみな、その時代の大人に教育、しつけをされ、時代に即した人間として成長していきます。いまを生きる子供たちには彼らなりの夢と現実があり、私たちにはわからない苦悩も抱えているはずです。

私たちにできるのは、〃いま〃を理解しながら接してあげること、そのなかでも変わらずもつべき感情や考え方、常識などを伝えてあげること。私たちに手を差し伸べてくれた人がいたように、若い世代にも手を差し伸べてあげたい。

もしかしたら、若い世代には余計なお世話だと言われてしまうかもしれませんが、私たちにできることはそうした地道な接し方、伝え方なのだと思っています。

6　「次世代のトップ」を育成するつもりで

人間誰しもが年を重ねて老いていき、体力が落ち、若いころに当たり前のようにできていたことができなくなっていく。年齢と向き合い、現実を受け入れることはスポーツ選手にとって非常につらい瞬間でもあります。年齢との闘いをどうしても乗り越えられなくなった時に引退を考えます。

引退後、多くの元選手はその経験を生かして指導者の道へと進む。その時代を生き抜いた人たちが、培ってきた技術や思考を次世代へと伝えていくことが、さらにその分野の進化につながります。

現代では科学的な観点から技術や思考は日々アップグレードされ、現役選手に最新の知見をもたらす必要があります。**選手としてのキャリアは終わっても、そのスポーツ界で果たせる役割はまだまだ残っています。**

指導者の究極の目標、目的は、選手を育成し、次世代のトップ選手を作り上げること。それは対象が子供であってもプロであっても同じ。子供たちにスポーツの楽しさを教えるのも、じつはその一環であると考えなければなりません。

どの子供に、どんな才能があるのかは本人ですらわからないもの。隠れた才能を引き出すために、また、才能を秘めた子供たちに引き続きそのスポーツに取り組んでもらうためにも、「楽しませる」のです。

7 つねに学ぶ姿勢を忘れない

指導者に必要な力は、まずは技術的な指導力でしょう。「どれだけ基本的な技術を身につけさせられるのか」「どれだけ完成度の高いプレーができるように導けるか」などが評価のポイントになります。

一方、アマチュア野球では、選手のしつけも指導者の評価対象とされます。挨拶や返事、グラウンド内外での言動など。社会に出てからも通用する常識を身につけた人間を育てることはきわめて重要。

少年野球から大学野球の選手まで、その多くが野球で生計を立てていけるわけではないことを考えれば、人間教育は必須だと感じています。「選手として」、そして選手である前に「人間として」という二本立てが指導者の大きなテーマです。

しかし、簡単に技術指導、人間教育といっても、それらを伝えるには「根拠」に基づいた「知識」が必要であり、細かく分類すれば限りがないほど幅広く奥が深い世界です。

たとえば選手としての育成を考えた場合、具体的には三つの要素があります。

一つ目は「フィジカル」、身体的な要素。

細かな技術は、その技術を体現できるだけの「体力」が必要です。

野球を例とすると、内野手は低いゴロに対して腕を伸ばしても耐えられるだけの下半身の強さが必要で、その状態から送球につなげる動きの切り返しや立て直しにも安定した下半身が必要です。その時点で下半身に余力が残っていないと、送球の安定感は望めませんし、強い送球のためには腕力も求められます。

こうした一連の動作は、当然技術もいるのですが、その技術を披露できるだけの体力のほうが圧倒的に重要。すべての技術はフィジカルがベースにあってのものです。

また、体型的なものからくる関節の動きにも要注意です。

たとえば、猫背のような状態では腕の動きは制限され、投球や送球にも悪影響を及ぼします。肩甲骨の動きが制限されれば肩周辺の可動域が失われ、投球や送球において肩関節に無理が生じます。思うように投げられないだけでなく、ケガのリスクがあるのです。

投げることだけでなく、打つこと、走ることにも関節の柔軟性は重要なので、その点も注視していかねばなりません。

そのフィジカルと連動する「テクニカル」、技術的な要素が二つ目です。

昨今、ネットの動画などで、プロアマ問わずいろいろな人がそれぞれの観点で技術論を展開しています。同じような技術でも、人によって目の付け所が違っていたり、言い方が違っていたりするので、どれを信用すればいいのかわからなくなるケースもあるでしょう。

こうした情報の有用性を判断するポイントの一つは、「それが成功体験から語られているかどうか」ということ。

技術論のなかには、自分で試してみたわけではなく、プロ野球やメジャーリーグの選手の動きを見たことから受けた「印象」として語っている場合もあります。

また、バッティングやピッチングに関しては科学的な分析が公表されているケースが多いのですが、それがあたかも自分の技術のように語られているケースもあります。この件は後述するとして、「実体験」「成功体験」こそ何よりの信用だと言えます。

つまり、指導者の持論は成功体験に基づくものであることが望ましいということ。「もっとこうだよ！」といった、なんとなくの指導では伝わりません。とくに若い世代の選手は、「やれ」と言われれば忠実に再現しなければいけないと考えます。それだけに、技術指導は慎重さが求められます。

多くの情報を集めることも大事ですが、それを吟味し、要素を十分にかみ砕いて伝える工夫は必要ですし、その情報は「数多くあるなかの一つの選択肢にすぎない」ということも忘れてはいけません。一つの技術にこだわりすぎると、合わない、できないといった場合に機転が利かなくなってしまいます。必要なのは「広い視野」と「柔軟なとらえ方」。見聞きしたことをいったん頭の中で咀嚼することも必要になります。

三つ目は「メンタル」。心理的な要素です。

スポーツ心理学だけでは不十分で、チームにおいては社会心理学の知識も必要だし、子供を預かるのであれば発達心理学も必要。体と心のつながりも知っておく必要があるし、イップスの原因や、トラウマを抱えた選手へのアプローチなど、心理学のテーマは尽きません。とはいえ、人の心理すべてを知ることなどできませんので、できるだけ選手に寄り添ってあげたいと思い続けるのが指導者のあり方だと思います。

指導のなかで忘れがち、無視されがちなのが子供たちの心理。大人からすれば少しくらい間違ったことを言っても「どうせ子供だからわからないだろう」とか、「子供の意見なんてどうせわがままなんだよ」など、「どうせ子供」という言葉が必ずついてきます。したがって、子供の話に十分に耳を傾けることもなく、大人側の思い込みやその場しのぎの無責任な指導で押し通してしまうことがよくあります。

これまで何度もお伝えしていますが、子供は大人が思っているほど未熟ではないことが多々あります。

目覚まし時計をかけて起きる習慣をつければ、早々にできるようになります。学校に行く支度、後片づけの手伝いなどお母さんをてこずらせるようなものは、習慣化されればできます。

こういったことがなぜできない子が多いかというと、すべて親がやってしまうから。子供たちが「言ってもやらない」のは、じつは子供からすれば、「放っておけば親がやってくれる」という結論を知ってしまっているからと考えることもできます。

現に、普段家では親に頼り切っている子もいるであろうU-12の子供たちは、ほぼ全員が自分でできることはすべてやっています。「部屋を片づけておきなさい」や「風呂に入りなさい」など、多少は言われないとちゃんとできない子もいますが、言えばやります。

私は子供たちに対して、「言わないとできない」のではなく、「言えばやる」と考えています。

子供たちは、これまでの生活習慣のなかで親がやってくれるからやらなかっただけであったり、いつやるのか、どうやってやるのかを考える必要もなく過ごしてきただけのことであって、小学生高学年にもなれば、生活に必要な行動はほぼすべてできるはずです。「いつまでも子供なんだから」というのは、いつまでも子供扱いしてきたことの証です。

大人は、自分自身の狭い了見で子供の心理を押しつぶすようなことは避けたいもの。そこに存在する一人の人間に、大人も子供もないという考えも時には必要です。一人の人間として見られるということは、子供たちにとっても、いつまでも子供ではいられないという現実を受け止めることになります。

心理、人格を尊重するということは、ひいては成長を促すということにもつながります。人格を認められること、人として成長することの重さを子供たちも感じることになるはずです。

すっかり長くなってしまいましたが、それだけ指導に必要な知識は幅広く膨大であることがわかっていただけたのではないでしょうか。

知識には限りがありません。そのため指導する側は、つねにアンテナを張って知見を広げ続ける努力が必要です。一つの技術を伝えるにしても、内容を十二分に理解しているのとそうでないのとでは伝わり方がまるで違います。まずは知る。そこから指導のすべてが始まると考えなければいけません。

8 個性と悪癖は紙一重

どんなスポーツでも、優れた技術や結果を出すための基本的な動作や考え方はあるものです。

とはいえ、たとえば「投げる腕は絶対にこの角度でないといけない」とか「打つ瞬間は右足と左足では何割と何割の比率で体重を乗せないといけない」といった〝厳格な法則〟はむろんありません。なので、「ある程度、共通した動作」といった言い方になるわけですが、この言葉のどの部分を要《かなめ》とするかで意味合いが微妙に変わってきます。

「ある程度」という言葉を忘れずに受け止めれば、「ある決まった一つの形にこだわりすぎてはいけない」となりますが、「共通」という言葉に強く反応してしまうと、「やはり上手くできる人にはある決まった法則や形があるのだ」と誤解してしまいます。自論が強すぎる人や、やたらと情報に頼る人が陥りやすい考え方です。

とくにジュニア世代を指導する場合、この考え方が選手の持ち味、特長を失わせる原因になり、伸び悩みにもつながる可能性があります。

一線で活躍するアスリートも、スポーツを始めたジュニア時代から何でも理想的にこなしていたわけではなく、いくつもの選択肢や出会った指導者の指導のもと試行錯誤を重ねながら作られた現在と考えるべきです。

それでも、「ある程度」や「だいたい」といったあいまいさを残した指導は、決めつけの指導よりも難しいこともあります。

どこまでが個性で、どこからが悪癖なのか？

指導者にとっての「指導の壁」が現れます。矯正すべきか、そのままでいいのか？

「ほかの人と違うから」「独特の癖があるから」という理由で、安易にフォームなどを強制的に変えてしまう指導者が数多くいます。

しかし、一流のアスリートの多くが「特徴的な動き」をもっています。野球選手においては、独特のピッチングフォーム、バッティングフォームが見受けられます。アスリートにとって、じつはこの「独特」がカギを握るケースが多いのです。

一流アスリートは筋力も感覚も突出したものが備わっていることは否めませんが、その「独特」こそがその人を一流にしている所以《ゆえん》でもあるのです。

自分の体の特徴をいかに生かすか？

理想の状態にいかに近づけるかではなく、自分の体の特徴に合わせることで、無理なく、効率よく力を発揮できます。結局はそこで人と差がつきます。

理想はあくまで、「万人の平均」であり、一つの目安とする分にはいいのですが、すべてを当てはめようとすると歪みが生じかねません。「そうならなくてはいけない」と考えてしまうのもスランプに陥る原因の一つです。

たとえば、科学的な実験から得られる平均値はあくまでも全結果の平均であって、その平均値付近の数値はそれほど多くないという場合があるのと同じです。

理想とされることを取り入れるのであれば、選手の特徴の中に「そのテイストを入れてみる」程度に収める。 選手自身の生まれもったものをなくしてしまっては本末転倒。選手本人の技術や記録を伸ばすための指導なのですから、本人が本来もっているものを忘れてはいけません。

個性と悪癖は紙一重。

そう考えておきたいものです。もちろん、まったくおかしな動きで、人が行なう動作としてあまりにも理解不能なケースは別です。右足を出して右手で投げたり、バットを持つ両手が大きく離れていたり、上下反対に握っていたり。笑いごとではなく、黙っているとそういう人がいないわけではありません。

極端におかしな動作の場合はある程度常識に沿って教えるべきですが、常識をわきまえたうえでの特徴に対しては指導に慎重になるべきです。

9　情熱を注いでいるか

指導者の資質として最も必要とされるものは〝情熱〟ではないでしょうか。

取り組む対象からかき立てられるものが多ければ多いほど、指導にも深みが増していくのだと思っています。

自分が携わってきた分野への思い入れは誰もが抱くものです。

「○○が好きだから」「○○に自分は救われてきた」「ここまで情熱的に生きてこられたのは○○があったから」など、理由もさまざまでしょう。

○○を人生の一部と考える人にとって、○○の存在価値はいつまでも色あせることはありません。選手ではなくても携わり続けたい、追求し続けたいという情熱から、何もせずにはいられなくなるのだと思います。

一方で、スポーツの楽しさを知ってもらいたい、スポーツの魅力を伝えたいなど、子供たちの育成や触れ合いといったところに注がれる情熱もたいへん重要です。

子供たちの笑顔や、充実した時に選手たちが見せる表情は何ものにも代えられない報酬です。指導が誰のためのものかということを考えると、この感情がなくてはできません。

指導のベースに情熱がさほどなかった場合、誰がどんな表情をし、どんな感情を抱いているのかに無関心になってしまいます。これは選手にとっては悲劇でしかありません。

そんな指導者に対しても、「結果を出すために」と、ある一時期なら耐えられる選手もいるかもしれませんが、いくら時間をかけても指導者との信頼関係を築くことは難しい。

たとえば、流れ作業のように進めていく指導。指導内容よりも報酬が目的だったり、頼まれたから仕方なくやっているといったような、感情がなく、指導内容の充実よりも無難に早く終わらせることを望んでいるような指導。そんな指導であるなら受けないほうがいい。

指導者の熱があってこそ指導は成り立ちます。

スポーツを通して子供や選手に情熱を注ぐことのほかにも、技術の勉強や教育的指導の探求、勝利への執念など、情熱の種類はさまざまあります。どういった情熱であれ、その一途さこそ、指導者の要件なのだと思います。

10　見返りを求めない

指導者の思い込みが強く、さらに頑固でやたらと熱弁を振るう人の場合、ちょっと話は変わります。おそらく、情熱という感情を、熱血であることと勘違いし、自分自身が熱血漢である姿に満足感を抱いてしまう傾向があるのでしょう。

選手側がどう受け取るかも考えずに自分だけ充実してしまって、肝心の指導すべき部分、伝えたいことの中身が薄っぺらいものになることもあります。

情熱とは、必ずしも大声を張り上げたり、目をむいて口角泡を飛ばしながら熱弁を振ったりすることではありません。

熱血が悪いというわけではありませんが、伝えたいことを伝わるように言葉にしていくことがまず優先です。そのうえで熱くなるケースもあるし、冷静に話さなければならないこともある。

指導者に求められるのは、人に対して、勝つことに対して、または教育に対してなど、対象になる人や物事に一生懸命に向き合い、「向上」をめざすことです。そのなかで、勉強を重ね選手たちのためにと労をいとわず指導にあたることこそが、指導に対する情熱なのだと思います。

だから見返りを求めません。何らかの見返りに目が眩《くら》めば、情熱を注ぐ対象が選手ではなくなってしまいます。

見返りを期待して情熱を注ぐ指導者も少なくはないと思いますが、そういった人たちは見せかけの情熱によって人としての信用をどんどん失っていくだけです。

指導者に「甘い汁」など存在しません。そんな指導者の下でプレーしなければいけない選手たちにとっては悲劇でしかない。指導者は、相手の人生の一部にかかわっているという責任を忘れてはならないのです。

情熱とは、自分自身が感じられるものではありません。また、感じようと思うものでもありません。**指導に熱中する。いい指導ができるように学ぶ。それこそが情熱です。**方法は人それぞれでも、真の情熱とは誰にも共通するものだと思っています。

11 「奉仕の押し売り」になっていないか

子供たちの指導をする方々の多くが、休日を返上して指導にあたっています。

家族の時間やたまの休日を顧みず指導されている方々には本当に頭が下がります。少子化のうえに、スポーツをする子供たちも減っている現状で、指導者の数まで減ってしまってはいよいよスポーツの存在が希薄になってしまいます。

子供たちは、指導してくれる人がいるからそこへ行くのであって、誰も教えてくれない、チームを作る人もいないような場所でスポーツはできません。何よりも先に必要とされるのは指導者なのです。

子供たちを指導する方々の多くは、いわゆるボランティア。報酬が出るわけでもなく、人によってはお弁当なども持参されます。報酬どころか出費がかさむ場合も少なくないのです。それでも子供たちのために指導をしてあげたいと思う方々に日本のスポーツ界は支えられていると言っても過言ではありません。子供たちへの指導をされている方々は、そうした重責を担っているのであり誇りをもっていいものだと私は思っています。

しかし、なかにはそのボランティアという形式を盾に横暴な態度に出る人もいます。

「オレは毎週ボランティアで教えてやってるんだぞ」

「お茶を用意してくれ、弁当も用意してくれ」

自分は報酬もなしに面倒を見てやっているということをあからさまに態度に出すような人の場合は、非常に厄介です。

そうした人に対し保護者が少しでもネガティブな態度をとってしまえば、わが子が試合に出られなくなるし、ゴマをすっていなければ機嫌を損ねる。こうした指導者は、加えて、平然と子供を批判し、暴言どころか暴力だってゼロではない場合さえあり、挙句に親の人格までも否定するようなことを言う。

結局、こういったボランティア指導者に対しては、保護者は屈辱的な思いを飲み込むしかなく、もう我慢できなくなった時には、子供もその親もそのスポーツを嫌いになってお り、二度とそのスポーツに携わらなくなってしまうということも聞こえてきます（ボランティア指導者だけに限りませんが）。

ボランティアとはそもそもどんなことを指すのか？

２０１６年、文科省が「ボランティア活動に対する国民の意識の概況」と題した調査を行ない、「ボランティア活動に参加した直接的きっかけ」（文科省ホームページ）をボランティアに参加したことのある６１２名に質問しています。

その結果、「自分の自発的な意思で」という回答が49％、次いで「自治会や子供会等地域の団体で参加する機会を与えられて」が33・５％、以下、友人や知人に勧められて16・２％、学校で参加する機会を与えられて16％、そのほかの回答においても人からの勧めや

奉仕の押し売り？

ここはもっとわかりやすくして
う〜ん……
でも僕はいまのママのほうが伝わると思いますが……
は？
いいからやれ。こっちは無償で指導してんだよ！
はっハイ〜〜
もう二度と聞くのやめよ…

広告を見て、催しに参加したなどとなっています。

また、同じく文科省の「国民生活選好度調査」では、ボランティア活動を「仕事、学業とは別に地域や社会のために時間や労力、知識、技能などを提供する活動」と定義しており、さらに総務省の「社会生活基本調査」では、「報酬を目的としないで、自分の労力、技術、時間を提供して地域社会や個人・団体の福祉増進のために行う活動」としています。

このことからもわかるように、**ボランティアは自発的なものであり、多くの辞書で「奉仕」という言葉が載っている。そのうえで報酬を求めず、労力を惜しまずというのがボランティアです。**

さて、「やってあげている」人たちはこれに当てはまるのでしょうか?

「報酬は求めていないし、知識や技術をおしみなく提供しているじゃないか」という答えが返ってきそうな気がしますが、「やってあげている」という怠慢は迷惑な「奉仕の押し売り」でしかない。「長年そういう気持ちでやってきたんだ」と豪語するのならば、奇しくも長年押し売りが栄えてきたというほかありません。

もう、押し売りは栄えません。栄えてもいけません。

「やってあげている」という感情をぬぐい去れないのであれば、黙ってそう思っていればいい。思っているだけなら押し売りにはなりませんから。

ボランティアという名のもと、本質をはき違えて自分本位な解釈をし、君臨し続けることが生きがいになっている人は少なくありません。会社でもそういうマネージャーを見かけたら要注意です。

どんな人にも言えることですが、とくに子供たち、アスリートにとって、人との出会いは人生を大きく左右する可能性があります。悲鳴を上げることもできずに我慢しているということにならないように、保護者、関係者が本人の表情や態度をよく見ておくことも大事です。

自分は本当にボランティアなのか？

指導をする前に自問自答し、周りの人に胸を張れる明確な回答をもっておくべきだと思います。

12 「自分もああなりたい」と思われるように

私は子供のころ、大人というのはいつも正しく、落ち着いていて、何でも知っている人間なのだと思っていました。

しかし、年を重ねて誰がどう見ても大人と言われる年齢になっても、私自身はちっとも変わらない。いつになったら子供のころ抱いていた大人像になれるのだろうと思っていたりもします。大人というのは年齢的な成人を指すのではなく、大人という価値観もそこに行き着く年齢も人それぞれなのだと感じ、自己評価ではありますが、ようやく自分の思う大人に近づいてきたような気もしています。

私たちの目の前にいる子供たちも同じように感じているはずなのです。というよりも私たち大人は、子供たちにそう感じさせなければならない。

児童期と言われる年代である小学生くらいまでは、大人の言うことには従わなければならないと思っている傾向があります。それはなぜかと言えば、私たちが子供のころに思ったように、「大人はいつも正しい」と思っているからではないか。

反抗したところで力では勝てないし、理屈をこねようとしても、嘘をつこうとしてもすぐにバレてしまう。なぜバレてしまうのかといえば、本当は、子供の行動や話し方、素振りなどが未熟だからなのですが、子供からすれば「大人は何でもお見通し」なのだと信じています。だから大人にはかなわないのだと。

こういった子供の心理は、思春期を迎えると一気に覆ります。

「この前はこう言ったのに、今日はこう言った」というような大人の矛盾や都合のいい言い訳が目につくようになり、児童期に信じていたことが、じつはそうでもないようだということに気づく。考える力も徐々に身につき、体力も大人に近づいた。大人の言うことなんて信用できない。ただでさえ気難しい思春期の子供たちにそう受け取られてしまうと、大人としての信頼を回復するのは至難の業になってきます。

そうならないためにどうするのかということを、子供が児童期の時から指導者は考えておくべきです。

「せめて子供の前では正しい大人でありたい」

私はいつもそう思って接しています。

子供たちにとって大人は、困った時に頼れる、最後には助けてくれる存在です。知らないことをたくさん知っていて、力も強い。「あんなふうに早くなりたいな」または「あんなふうに自分もなれるだろうか」と考えています。一般的には。

だから、その期待には応えてあげたい。いや、応えなければならないと思っています。

大人が子供たちの想像や期待を裏切るような言動をすれば、子供たちは「これまで大人は、本当はいい加減なことばかり言ってきたのではないか?」と、小さな頭の中でそれまでのことが信じられなくなり、混乱させることになってしまいます。

何を話すのか？

どんな言葉で話すのか？

内容は間違ってはいないか？

自分本位ではないか？

など、自分の話や考えを少しでもいいので確認すべきです。

「なんとなくそう思う」とか「そうだと思うんだよなぁ」という、自分でも確信がもてないようなレベルの話をされ、それを実行させられるとなれば、子供たちがかわいそうです。合っているかどうかもわからないことをするのは、大人だって嫌なはずです。

「子供だからどうせわからないだろう」という身勝手な考え方は、その時はごまかせたとしても、いずれ子供が成長すればいい加減なことだったとわかってしまいます。

「せめて子供の前では正しい大人でありたい」という意味は、その子が大人になって思い返した時に、「あの人の言っていたことはやはり正しかった。大人になった自分もそうありたい」と思ってもらえるようになることであって、言い換えれば「その子にとって信用できる人間でいる」ということです。

その子の理想の大人像。

そう思ってもらえるように指導した子供たちの前では意識して振る舞ってきたつもりです（もちろん、人間誰しも未熟な部分はずっともっているので、あくまでも「子供の前では」としておきます）。

第3章

行動を変える

――「間違った指導」を避ける方法

残念なことに世の中には、「いい指導者」ばかりではなく、誤った指導を行なう人が少なからず存在します。

たいていの場合、考え方が誤っています。自分はそうならないために、やってしまいがちな指導の誤りを紹介していきます。

1 「俺はプロだから」は通用しない

正直、元プロ選手は、アマチュア野球の指導においてアドバンテージがあると思います。「あの人はプロ野球選手」

よほどでたらめなことを言わない限り、これで話は終わってしまいます。野球教室のようなイベントではしばしば、「元プロ選手の○○さんが来た」という表現をされます。内容はどうあれ、イベントとしてはそれで成立するのだろうとは思います。そもそもたった1回教えてもらっただけで飛躍的に向上するケースはごくまれですから、参加してくれた人が喜ぶなら、全体的に見ればそれでいいのでしょう。

しかし、私たちはそういった事案に最も気をつけなければなりません。

何を言っても許され、根拠のない指導をしても「プロはすげぇな」という結論で終わってしまう。独特な言い回しや体育会系のノリでついつい、いつもの口調で指導にあたってしまい、言うことを聞かない子供をその場で叱った、泣かせたという話も聞きます。

たしかに、問題は子供のほうにあるケースがほとんどですが、これを一般の指導者がやってしまったら大ごとになる場合があります。

また、子供に問題があったにせよ、嫌な思いをさせて帰すのはその子にとって何のプラスにもなりません。

野球を楽しいと感じてもらうことが私たちの使命ですから、子供たちがいけないことをしたのであれば、それを踏まえて注意しないといけません。何でもかんでも「プロだからで許される」というのは甘えなのです。

2　「プロに向けた指導」と「一般人に向けた指導」を区別する

たしかに、プロ選手は子供のころから目立った成績を収めた人が多く、アマチュア時代もプロに入ってからも多くの修羅場を経験しています。

技術面においても、プロとして一定以上の活躍をできたということ自体、成功体験とも言えるものですから、指導に大きな間違いがあるとは思えません。あるレベル以上の人たちの「感覚」は、指導においても財産と言えます。

たとえば、ボールを上から打ち込むようにと指導する人。こういった人はしっかりとボールを打ち込み、強いライナー性の打球をめざす傾向があり、指導としては一般的で選手のレベルを問わず広く活用できる考え方です。上から打つという表現も、実際にバットはボールよりも上方に構えているので間違いではありません。

一方、子供のうちは小さくまとまらず強く大きく振りなさいと言う人もいる。昨今であればとくに、メジャーリーグからの影響やソフトバンクホークスの柳田悠岐《やなぎたゆうき》選手のようなフルスイング系のバッティングです。体を強く回転させ、ボールをより遠くへ飛ばせるようなバットの軌道や下半身の使い方を主流に指導する人もいます。

こういった感覚は、指導者の成功体験に基づいたものですし、その技術に関連するコツも当然もち合わせていますから、トライしてみる価値はあるでしょう。こういった感覚を生で指導される機会はなかなかありませんから貴重でもあります。

しかし、ここで指導者が気をつけなければならないのが、**〝自分の感覚〟を伝えているという自覚。**

プロ選手の技術のなかには、時として「その人にしかわからない、その人にも明確には

2つの指導を使い分けよう

言語化できないようなこと」が含まれている場合もあり、ただただ思うままに指導してしまうと相手は「?」となってしまう瞬間があったりもします。

なので、経験に自信がある人ほど、自分なりの感覚を話す場合と、一般的に誰にでも当てはまる指導をする場合とを使い分けないといけないのです。

3 丁寧かつ親切に教える

感覚というコツは大変貴重なものです。そのコツを探すためにプロ選手は毎日試行錯誤を繰り返しているのですから、もし誰かの感覚を聞いてやってみたら上手くはまったという選手がいたとすれば、それは困難な技術の模索を省くことができたということになり、非常にラッキーなケースとなります。

そういった感覚を上手く教えてくれる人は貴重な存在でもあります。

逆に、たいへん迷惑なのは、自分の感覚のみで指導してしまうケース。

簡単に言うと、言っていることが自分の感覚であるという自覚がなく、あたかも誰にでも当てはまる常識だととらえてしまっている人。

こういった人には、言った通りできないと「あいつはダメだ」「言ったようにやらない」

「言うことを聞かない奴は使わない」となることが多い。

自分の感覚がすべてだと思い込むことは、相手にとって迷惑であり、指導者としての視野が狭いことの表れです。自信のない指導も問題ですが、自分の指導は絶対だと過信している指導はもっと問題です。経験がある人ほどそうなりがちなので、注意が必要です。

〝感覚を教える〟と〝感覚で教える〟。

言葉としては似ていても、内容はまったく違う。

指導者が感覚を丁寧に伝えることは、選手にとって技術や考え方のヒントになることがあります。しかし、指導者がなんとなく感じたことを表面的に教えられても、これというポイントがないために話としては的を射ないケースがほとんどです。

指導において、丁寧であるということは不可欠。自分が言っていることは、丁寧で親切かどうか、想像力を働かせて指導にあたらないといけません。

4　教える前に自分がやる

スポーツを指導するうえで、自身の経験は何より信頼できるもの。経験した感覚には確かな実感があるからです。

ただ、それは万人に当てはまるとは限りません。個人の感覚はあくまでもその人の体格、体力、経験に基づくもの。一つの方法に固執して指導すると、選手の伸びしろを無駄にし、選手を路頭に迷わせる危険性もあります。

また、指導者としての経験が浅い場合、指導書やインターネットを通じて技術論を知ることが多いかと思います。自分にないものを学ぶ姿勢はよいことです。

とはいえ、「指導書にこう書いてあったからやってみろ」とか、「ネットでプロ選手がこんなこと言ってたから同じようにやってみろ」といった指導はちょっと乱暴です。

大きな間違いが技術論として世に出ることはまれではありますが、人に伝えるからには指導する本人が「体感」していないと話になりません。

学問のように文献や論文から知識を得るのとは違い、動作にまつわることは「伝える人なりの実感」が必要です。

学んだ技術を指導者が実際にやってみて、上手くいかないことや、できているように感じても実際には形になっていないこともあるでしょう。

でも、それでもいいのです。

「やってみたけど俺には上手くいかない部分があった」「プロが言うほどすぐにはできな

い」といった感想でもいい。そもそもそんな簡単に誰もがすぐに結果を出せるものではありません。まして普段さほど運動をしていない人が真似してみてすぐにできるということはまずないでしょう。

ここでまた間違いが起こりやすいのが、「俺がやってみてできなかったから、お前もやらなくていいよ」という考え方。

一つの理論を万人がこなせるとは限らないことの裏返しで、指導者ができなかったから選手もできないとは限りません。ぴたりと当てはまるかもしれないし、上手くいかないかもしれない。やってみて上手くいけば取り入れればいいし、上手くできなければやめればいい。

人が言う技術というのは数多くあるうちの一つのモデルと考えるべきであって、誰にでもできるとは限らないし、できないとも限らない。ただ、それで成功している人がいるのならばやってみる価値はあるということ。それを指導者ができるかどうかは、どうでもいい。肝心なのは、**やらせるのであれば「やってみた感想」くらいは言えなくてはいけない**ということです。

指導者にとって技術の探求はつねに求められることですが、見た、聞いた、で終わってしまっては学んだことが身についたことにはならない。伝える前にまずは自分がやってみる。できた、できないが問題なのではなく、**「学ぶインプット」と「体験して思う、感じるアウトプット」によって初めて知識を得たことになります。**

ここで言う経験とは、自身が選手だったころの経験だけではなく、得た知識を体験することで得た感覚や印象なども含んでいます。

5 指示待ち人間にはしない

野球というスポーツは、ベンチからの指示が絶対であり、勝手なプレーは許されない。監督の指示以外のことはすべきではないし、選手がどう思おうと、監督がやれと言ったらやらなければならない。そんな一面をもっています。

毎回ある程度決まったポジションを守り、決まった打順で打つ。そのため、選手たちができることにはそもそも制限があり、縦横無尽にフィールドを駆け回る類のスポーツとは一線を画します。

監督の言うことは絶対。

だから選手たちの多くはいつもこう思ってプレーをしています。

「次はどんな指示が出るだろう？」

多くの選手たちは指示を待っています。そして、多くの選手たちがただただ言われた通りに動きます。すべての選手がそうだとは言いませんが、野球というスポーツはある程度そうなる性質をもっています。

野球をやっていれば監督の指示に従うことに何の疑いももたないし、そうすることでチームとして成り立っているのだから何ら異常ではない。「次はどうしましょう？」と考えるのはごく自然なことなのです。選手の心境としては。

しかし、指導する立場として考えると、果たして選手がそうした考え方のまま成長してもいいのでしょうか？

何をするにも監督の顔を見て、呼ばれてもいないのにプレーが止まればまた監督の顔を見て。結局、その連続が蓄積され、状況を見て判断するとか、目標や目的を認識して行動するといった能力の成長を妨げてしまうのです。

たとえば、U-12の子供たちにも毎回あることです。

試合開始、１番バッターが打席に入り、ルーティンのようにまずはこちらを向いて指示を仰ぐ。もちろん何も言うことなどあるわけがない。伝えることは打席に入る前に話しています。でも、こちらを見ます。

1球目を見逃すと、またこちらを見ます。状況は変わらないのですから何の指示もなければ言うこともない。といったやり取りをつねにしてしまう子が多くおり、少年野球、場合によっては高校生でもそんな光景をよく見ます。そのつど何かを言う指導者の方がいて、何か言われるのだから毎回見なければならない選手がいるという光景です。

果たしてそんなに何を伝えることがあるのでしょうか？　1球ごとにそんなに状況が変わるのでしょうか？

たしかに、野球には相手を攻略するための戦略があり、監督は状況に応じてその策を講じてサインを出します。しかし、それはあくまでも状況に応じてであって、その状況になければサインなど必要ないし、ベンチをちらちら見る暇があったら次のボールは何が来るのか、どう打つのかを考えることが先決です。状況判断の初歩的な部分です。

ランナーがいなければとくに何もないことは子供でも本当はわかっているのですから、教えるのであれば「サインが必要な状況」のほうだと思います。見るのを忘れるから毎回見るようにさせているという話も聞いたことがありますが、ランナーが出たら見なさいと言うだけでいいのですから、たいして難しい指導ではありません。

監督が「こう打て」「もっとこうだ」と言ったところで、もうすでに練習によってその選手の型はできてしまっているのですから大きく変わることはないし、変えることもできない。それは指示というより口を挟むという表現のほうが近い気もします。

結局、選手たちにしてみれば、**指導者がたびたび何かを言うのだから毎回見なければならなくなる。そうしているうちに、自然と指示を待つ人になってしまう。**前述した通り、そもそも野球には指示を待たなければならない性質があるのですから、その性質に流されると指示待ちにさらに拍車がかかってしまいます。

6　ベストなタイミングで「考えさせる」

なぜ「指示待ち」がよくないかというと、その時の状況を見て自分で考えるということをしなくなる。指導者の考えに従うにしても、「なぜそうするのか」を理解してプレーできなくなってしまう。理解していないということは、最高の結果も最悪の結果も想定できていないから、成功してもたまたま、失敗しても原因が理解できないということになってしまいます。

考えるべきことを考えなくなるということは、考えるべきタイミングもわからないとい

うことにもつながり、さらには判断力がつねに不足し、自主的な行動力も失います。こういったことをそのままにしていると、やがて社会に出ても指示を待ち、上司の顔を見て行動する人間を作ることにもなりかねません。

そんな人間が社会で歓迎されるはずはなく、そのことに気づいても自分でどうにかする力をもっていないのですから、もうどうにもできない、どうしていいかわからないという事態に陥ってしまいます。

指導者は人を作るという大事な役割も担っています。そういった悲劇を生まないためにも、「何を求められているのか、どんな結果が最善なのか、といった考えるべきことを、考えなければならないタイミングで考える」という習慣を身につけさせなければならない。

まずは自分で状況を判断し、出される指示の意味を理解する。サインを見て実行することに変わりはないのですが、ただ指示に従う選手と考えて指示を実行する選手とでは物事の理解度に大きな差があり、結果にも差が出るはずです。

まずは〝指示〟ではなく、まずは〝考える〟。

状況を理解し、何をすべきか判断し、そのうえで指示があればそれに従う。

野球というスポーツは本来そういった性質のものでなければならない、と私は思っています。

7　きつい練習は「一方的な満足」

「この練習、何の意味があるんだろう?」

そんな疑問を抱いて取り組んだことがある人は少なくないでしょう。

私も例外ではなく、野球を始めてから現役を終えるまで、その過程をたどれば数えきれないほどそんな機会がありました。何のためにやっているのかわからないその時間に意味などありません。選手たちにとって、現役である時間は限られています。指導者の思いつきや一方的な解釈の押しつけは、絶対に避けなければなりません。

「これは、きついからなぁ」

その練習をやらせる理由の一つに指導者のこういった安易な発想があります。〝きついから〟というただそれだけの理由でやらせようとしているのです。

そういった代表的な練習が「うさぎ跳び」です。

言うまでもなく、何を鍛えているのか? それによって鍛えられたものはどんな時に役立つのか? おそらくですが、きついからやらせていたのだと思います。選手がヘロヘロになって、転びそうになると「さぼるな!」という罵声《ばせい》が飛び、クタクタになった姿を見て指導者は満足をする。

たとえば、プロ野球の〝特守〟と言われる守備練習も似たようなところがあります。まったく意味がないとは言いませんが、守備練習の類として考えているようであれば、考えているほどの効果はないと言えます。

前後左右、幅広い方向に何本もノックを打たれ、飛びついては起き上がってまたゴロを追う。全身泥だらけになって、最後は立っているのも精一杯というほど足元はフラフラになっており、もはやゴロを捕る形などどうでもよくなっている。守備練習というより、持久的な体力トレーニングといったほうがまだ納得できます。

「いい練習だっただろう」

終わってハアハア、ゼイゼイしながらグラウンドに倒れ込む選手にそう声をかける人もいる。果たしてこの練習に何を期待したのか?

私の経験上、きついことをとりあえず一度はやっておかなければならないという趣旨が感じられます。

よく聞く話ですが、きつい練習を課し、「それはレギュラーになるためには乗り越えなければならない壁なんだ」というような決まり文句を浴びせる人がいます。なぜレギュラーになるために、きついことを乗り越えないといけないのでしょうか？　それを乗り越えると、それまでの自分を超えるような変身を遂げられるのでしょうか？

このようなケースで確かに言えるのは、**やらせる側の一方的な満足で終わり、選手の成長や技術の向上にはあまり役には立っていない**ということ。

練習内容のバリエーションの乏しさもあるのだろうと思います。的を射た練習内容を思いつかないから、「昔ながら」をやっぱりやってしまう。結果的に招くのはいつの時代にも消えない「この練習、何の意味があるんだろう？」問題。そして、費やした時間と労力ほど、狙っていたであろう技術的な効果は身についていないという現実。

きつい練習がダメだと言っているわけではありません。楽な練習などあるはずもないし、向上するには労力が必要です。意味のある練習ほど、きつくつらいものです。そこに労力を費やす確かな意味があるから、選手はその練習に取り組み、つらい壁を乗り越え、その練習に納得するから継続もできます。

しかし、そういったことには目もくれず、とにかく練習はきついことが先決。倒れ込むくらい疲れることをすれば上手くなるんだという漠然とした勝手な思い込みで、選手をたただただ痛めつけることに終始する。

「ようし、今日はいい練習をしたぞ」

誰にとっていい練習だったのでしょうか?

その練習でいちばん満足しているのは誰ですか?

指導者にとっての満足が必ずしも選手の満足になるわけではありません。指導者と選手が共有する時間は長くても短くてもとても貴重なものです。選手にとって無駄にしていい時間などありません。そのことを指導者はよく考えておかなければなりません。

そこにある満足は誰のものか?

いつも考えておく必要があります。

8 「楽しむ」の意味を説明できるか

スポーツは基本的に楽しむものです。娯楽、気晴らし、楽しみなど、どちらかというと遊びに近いものがスポーツの本質と言えます。

昨今では、こういった意味があることを指導者がよく理解し、参加した子供たちがそれぞれ楽しくスポーツに触れ合えるように、と考えられているように思います。

まずはスポーツに触れる機会を増やすこと。多くの子供たちにスポーツを楽しみととらえてもらうためには、そのきっかけを作ることが必要です。

どんな名選手も初めは初心者。

楽しいと思うことから、超一流は生まれます。将来のスポーツ界を背負って立つかもしれない子供たちを指導するということは、そういった重い責任を背負っているという自覚も重要です。

さて、そうした風潮もあり、どのスポーツの現場においても「楽しめ！」「楽しんでこい！」といった言葉をよく耳にします。

では、「楽しむ」とは、いったいどういう意味なのか？　どうすることが楽しむということなのでしょうか？　指導者であれば答えをもっていなければいけません。

「楽しめ」と言うだけ言って、それは何をどうすることなのかを説明しなければ、選手たちはただニタニタ笑っているくらいのことしか術《すべ》はないでしょう。本当の意味を知り、それを伝えるべきです。

初心者に対しての「楽しむ」と、競技に向かう選手に対する「楽しむ」は、似ているようで違います。

初心者に対しての「楽しむ」は、前述の通り、そのスポーツの面白みを知ることや、「またやってみたい」と思うといったことを指し、競技というよりもそのスポーツのルールを把握しながら、体を動かす爽快感や友達と楽しく時間を共有すること、少し前までできなかったことができるようになったという達成感などを享受することです。ある程度思ったようにプレーできるようになるまでは、そのような目的でいいと思います。

しかし、成長過程のなかでは有能感というものも変化していきます。

友達との他愛もない競争や、簡単なことができた、できない、といったことから始まり、やがて競争意識が高まると周囲の選手や地域、全国といったところに目線は広がっていき、細かい技術の習得に執着するようにもなる。したがって、**「楽しむ」ということの本質的な意味も、年齢、レベル、選手本人の意識などによって変化していくと考えるべきです。**

レベルが上がれば上がるほど、置かれた状況や目の前の大事な試合に対するプレッシャーが増していくため、本当の「楽しむ」とはどういうことなのかを理解させることも指導者の役割の一つになってきます。

「楽しむ」は変わる

1年目 新入社員
♪
10年目 チームリーダー
いい仕事しましょう
取引先
20年目 統括マネージャー
ここをめざそう！
イキイキ

9 日本人こそ「Have fun!」の精神を

アメリカの独立リーグでプレーしていたころ、バッティングの成績が上がらず冴えない表情をしているとコーチが「Have fun!」と声をかけてきました。本場の「楽しめ」を聞いた気がしました。コーチは、**「そんなに深刻な顔をするな。プレーしていることを楽しめ」**という意味でそう声をかけてくれたのだと思います。

ある一定レベル以上になれば成績不振は深刻な問題です。そんな時になかなか陽気にプレーはできませんが、かといって、鬱々《うつうつ》としてプレーしていることのほうがもっと問題です。そんな表情でプレーしていれば成績も上がるはずがありません。もう少し気持ちを楽にする必要があったのだと思います。

「Enjoy」「Have fun」など、「楽しむ」「楽しめ」といった言葉は文字通り欧米の考え方から来たものです。生真面目な日本人にかける言葉としては、うってつけです。

さぞかし、欧米の子供たちなどは楽しそうに野球をしているのだろうなと思い、U-12ワールドカップではアメリカチームの指導者がどんな取り組み方をしているのかを見るのを楽しみにしていました。指導者と子供が一緒になって笑顔で練習、試合に取り組み、指導者はいつもポジティブな声かけをしているのだろうなと。

しかし、初めてアメリカチームの練習を見て驚きました。

子供たちはバッティング練習中、各々必要に応じてボール拾いをしたり、指導者の指示に従いポジションについたりしていて、バッティンググループが交代の時はコーチが大きな声で指示を出す。監督、コーチの醸し出す緊張感もあるのでしょうが、子供たちは練習に集中し、ほとんど私語はなく、遊んでいる子もいません。

練習が終わると、サッと片づけをし、「よし帰るぞ！」と監督から声がかかると、道具が入ったバッグを背負って一斉に帰っていきました。

また、アメリカチームの試合中、次の試合に備えるためにアメリカ側のベンチ裏で待機しようとしたところ、入ることを許されず、離れた場所で待たされたこともありました。プレーを楽しむことを提唱する国の代表チームのこういった姿勢に驚き、スポーツに取り組む姿勢の本質を見たような気がしました。

大げさなとらえ方かもしれませんが、スポーツとは楽しむことばかりではなく、試合や練習に集中することも学ぶべきで、その状況において優先すべきことは何かを考えさせる時間も大事なのだと感じます。

かといってずっとその調子かというとそうではなく、食事の際は監督、選手みんなで楽しそうにピザを囲む風景があったりもし、子供と一緒になってわきあいあいと過ごす時間と緊張感をもつ状況を上手く使い分けているようにも見えました。もちろん、私の主観的な感想であり、肯定的に見ていた部分もありますが、チームの規律のようなものを最も感じたのはアメリカチーム。楽しむという表現をする国だからこそ、その意味の使い分けが上手く、選手たちにも浸透しているのだと思います。

10 終わった時に「楽しかった」と言えれば合格

では、楽しむとはいったい何をすればいいのか？　どんな心境をめざすのか？　そして、何を感じればいいのか？

「楽しめ」と選手に発したのであれば、その意味を明確にすべきだと私は思っています。

私なりの考えですが、「楽しむ」とは、好きなスポーツ、得意なスポーツがあるということに始まり、そのスポーツに参加すること、勝敗を競うことへのワクワクした気持ち。大事な試合、場面に向かう時の緊張感。夢を抱き、目標をもって夢中になってその瞬間を迎えることなど、**その日、その瞬間、そこにいる「充実感」を感じる。それが楽しむこと**

の本質だと思っています。

大事な瞬間を迎えた時、誰でも緊張します。「勝ちたい」「負けたらどうしよう」など、さまざまな思いが交錯します。

しかし、人生のなかでそんなに緊張する場面にどれくらい出会えるでしょうか？　緊張するということは悪ではありません。それだけ大事な場面だと実感している証拠です。子供でもそれはちゃんと感じることができるのです。

「うちの子はすごく緊張しやすいんですが、どうしたらいいですか？」

と、質問をされるお母さんがよくいます。

私は、「それは悪くないことですよ」と、答えます。子供が大事な試合や場面だと感じているから緊張するのであって、言い方を換えれば、それだけ感受性が豊かなのだとも言えます。ですから、そういう子に「落ち着いて」とか「しっかりしなさい」とか、無理に心の入れ替えを促す必要はありません。

「そうだよね。緊張するよね」と、気持ちを汲《く》んであげることも必要です。大事な試合を迎えることができる充実感も含めて「誰よりもその試合を満喫する」ことが重要です。

そして、終わった時に「楽しかった」と言えることが本当の「楽しむ」の意味です。試合に集中し、本当に充実した試合をしている選手たちは、その試合中にヘラヘラ笑うことはありません。

よく、一流アスリートたちも「明日の試合を楽しみたい」と言います。しかし、だからといって試合中に笑いながらプレーしている選手はほぼいません。

「楽しむ」＝「笑う」と勘違いしている人が多くいますが、それは楽しんでいるというよりも大事な場面に軽い気持ちで臨んでいるということ。集中すべき場面ではちゃんと状況を理解し、真剣に向き合うべきです。その真剣勝負を振り返った時、必ず楽しかったという感想になるはずです。

また、相手選手と対峙した時、笑っているということは、とらえようによっては相手を侮辱しているとも考えられます。笑う場面でもないのに相手を見て笑っていれば、それは攻撃しているとも言える行動です。笑うことがどんな時もいいことだと思っていると、相手を傷つけたり怒らせたりすることにもなりかねません。楽しむことは笑うことという認識は考え直すべきだと思います。

「楽しむ」ということは簡単なようで、その意味を解釈しようと思うとなかなか難しい。とくに真面目な日本人にとって、一生懸命と楽しいを同じものとしてとらえることは難しい。それでも指導者は「楽しむ」を選手に伝えなければならない立場にあります。

その人なりの解釈があるかと思いますが、選手が〝なるほどな〟と思える「楽しむ」を伝えてあげてください。

第4章

思いを伝える

――100人100通りのコミュニケーション

指導をするうえで最も難しいと感じるのが、コミュニケーションではないでしょうか。言葉ひとつで相手のやり方、考え方がガラッと変わり、いい方向にも悪い方向にも転びます。指導者の手腕が問われるスキルとも言えるので、本章では丁寧に解説していきます。

1 自分の型を「押しつけない」

大人から見ると、子供は何をやるにも無駄が多かったり、ごく簡単なことが理解できなかったりで、ついつい大人の型にはめてササッと処理してしまうことがあります。

これはスポーツをする子供に対しても同じです。

しかし、子供は体も心も発達途上の身で、まだまだ体力的な強さもなければ理屈も理解できない。これから覚えることがほとんどなわけですから、大人が思うようにできるはずがありません。

しかも、そのように型を押しつけてしまう大人の多くが、じつは自分がそうできるわけでも、できたわけでもなかったりします。自分ができないわけですから、論理的で、具体的でわかりやすい説明などできるはずがありません。

また、せめて若いころはできていれば、その「印象」くらいは話せるのでしょうが、〝やっていたつもり〟〝できていたつもり〟では、人に上手く説明できない。そのうち「一生懸命教えているのに、なんでわからないんだ」と、理解できない子供のほうが悪者になってしまうことも多く、挙句、無理やり手取り足取りの押しつけが始まる。

それは、身体的、技術的な話だけではなく、考え方についても言えます。

「オレの言うこと間違ってるか？」「そう思わないか？　そう思うだろう！」

こんな言葉に子供たちが返せるのは、言った大人の期待する言葉だけです。たとえ、思ったことがあったとしても、とても言えるものではありません。これは考え方の押しつけの一つとも言え、パワハラでしかありません。

子供が明らかにおかしな動きや言い分をしているなら別ですが、熟練した人の考えや動作のなかにもその人独自のものが必ず含まれています。

自分の意見はあくまで「いち意見」として、子供たちにはせめていくつかの選択肢を与えてあげるべきです。

どんなに頑張っても、教える側のコピーにはなりえません。理屈をちゃんと説明できないことを無理やりやらせるべきではありません。自分がそうされたらどう思うかを考えれば、おのずと答えは出るはずです。

2 「決めつけ」が選手の個性を奪う

押しつけと似たようなことですが、「そうに決まってる」「そういうもんなんだよ」など、相手の意見を聞きもせずにハナから答えは決まっているかのような発言をついついしてしまうことがあります。

そういう指導者にとっては、「いままで何人も指導をしてきたからわかる」ということなのでしょうが、目の前にいる人間もまた、その大勢の中の一人、と考えるべきではありません。結果的に指導者の想定通りになるかもしれませんが、選手たちはいままでにないタイプの選手をめざしたいなど、みな自分なりの結果を出そうと努力しているのです。

指導者としては、その人の「個性の発揮」をまず期待すべきで、そのうえで結果が伴うよう導いてあげたい。いままで指導してきた選手の多くがそうだったから、これからもそうだとは限りません。そもそも、そうした決めつけ指導では、自分が楽しくないはずです。

「あの選手は面白いよ」

そう期待される選手を作るのは、指導側も新しい発見をしていかなければなりません。

安易な決めつけによって選手たちの可能性が奪われてしまうことは絶対にあってはなら

ないのです。

3　怒鳴りつけたくなったら、深呼吸する

「どうしてできないんだ！」

「どうして言った通りにやらないんだ！」

「どうして言っていることがわからないんだ！」

〝指導者の思い描いた通り〟に事が進まず、感情爆発。グラウンドで時折見られるシーンです。

時に、こんな言葉がついて出ることも。

「これはお前のためを思って言っているんだぞ！」

本当にそうでしょうか？

そうであるなら、どこが難しいのか、どこがわからないのか、をまず聞くべきでしょう。概して、一方的に説明して、理解もさせずにただやらせているだけというケースが多いものです。

自分は上手く説明しているつもりでも、相手がわかっていなければ説明できていないの

と同じこと。たとえ相手の呑み込みが悪かったとしても、指導者であればそのくらいのことは承知のはずです。それを踏まえての説明であり、結果であると考えるべきです。選手（会社であれば部下）を熟知するのは指導者の大事な役割の一つ。**「どうしてできない？ わからない？」と考えるより先に、「どうしたら理解し、できるようになる？」と考えるべきです。**

「俺だって、先輩や上司からそうやって厳しく育てられたんだ」

もしそう思うなら、「その時自分はどう感じたか？」を思い出してみればいい。その時、本当に厳しさだけで、優しさはなかったでしょうか？

まさか、それでも自分は厳しいだけのほうがいい、という人はいないでしょう。そもそも、初めは誰だってできないものなのですから、できない相手に腹を立てるより、理解させられない自分に腹を立てたほうが誠実なあり方です。

怒鳴るというのは、自分にはもう説明できる言葉がない、理解させる能力がないということの表明でもあります。

自分を抑制するのは簡単ではありませんが、頭にきたら、一度深呼吸をして酸素を取り入れてみてください。

そして口調はゆっくりと。怒鳴りつけても、落ち着いて話をしても、結局は「理解して行動してもらいたい」という思いは共通してあるはず。ならば、みっともない姿をさらすより、それくらい許容だというふうに、でんと構えていたほうが断然格好いい。いまどき、どこの国でも、どんな分野でも、怒鳴っている姿が評価されることはありません。

上の立場になると、ついつい自分だけが人を一方的に評価しているつもりになってしまいますが、じつはその逆。

上に立つ者は、下にいる全員からの評価を受ける立場なのです。人を見る側という意識が強すぎると、いつの間にか見られていることに気が回らなくなってしまう。怒鳴った瞬間を思い返し、自分を見失っていなかったかよく考えるべきです。

私は、叱るという行為も、いまどきは計算して行なうくらいでなければいけないと思っています。

4　成長段階を見極めて言葉をかける

子供の成長には個人差があり、学年、年齢だけで区切ることはできません。

たとえば、U‐12日本代表の子供たちにしても、体の大きさによってできることに差が出ます。

国際試合では他国の体格の大きな子供たちと渡り合わなければならないため、体の小さい子が相対する場合、かなりの技術を要します。速く強いボールを投げる、速いボールを打ち返す、強い打球を捕球するといったことは、同じような運動能力であれば、体格に勝る子が優位になります。

子供たちにとってはこの差は非常に大きい。歩幅も、ボールを投げる際の高さも、打つ際のバットでとらえられる範囲も違うのですから。

ですので、とくに小学生のうちは、技術的なものより、体格差による違いが結果を左右すると言っても過言ではありません。

同じ学年や年齢であっても、ある程度その子の体格に見合った考え方や対応を周りの大人がしてあげなければ、小柄な子にとっては、「どうして自分にはできないんだろう」という焦りにつながります。いまできることを着々と広げてあげたほうが、結果的には上達への近道となるはずです。

子供の発達にしばしば使われるのが前にも述べた**「スキャモンの発達・発育曲線」**という指標です。

スキャモンの発達・発育曲線

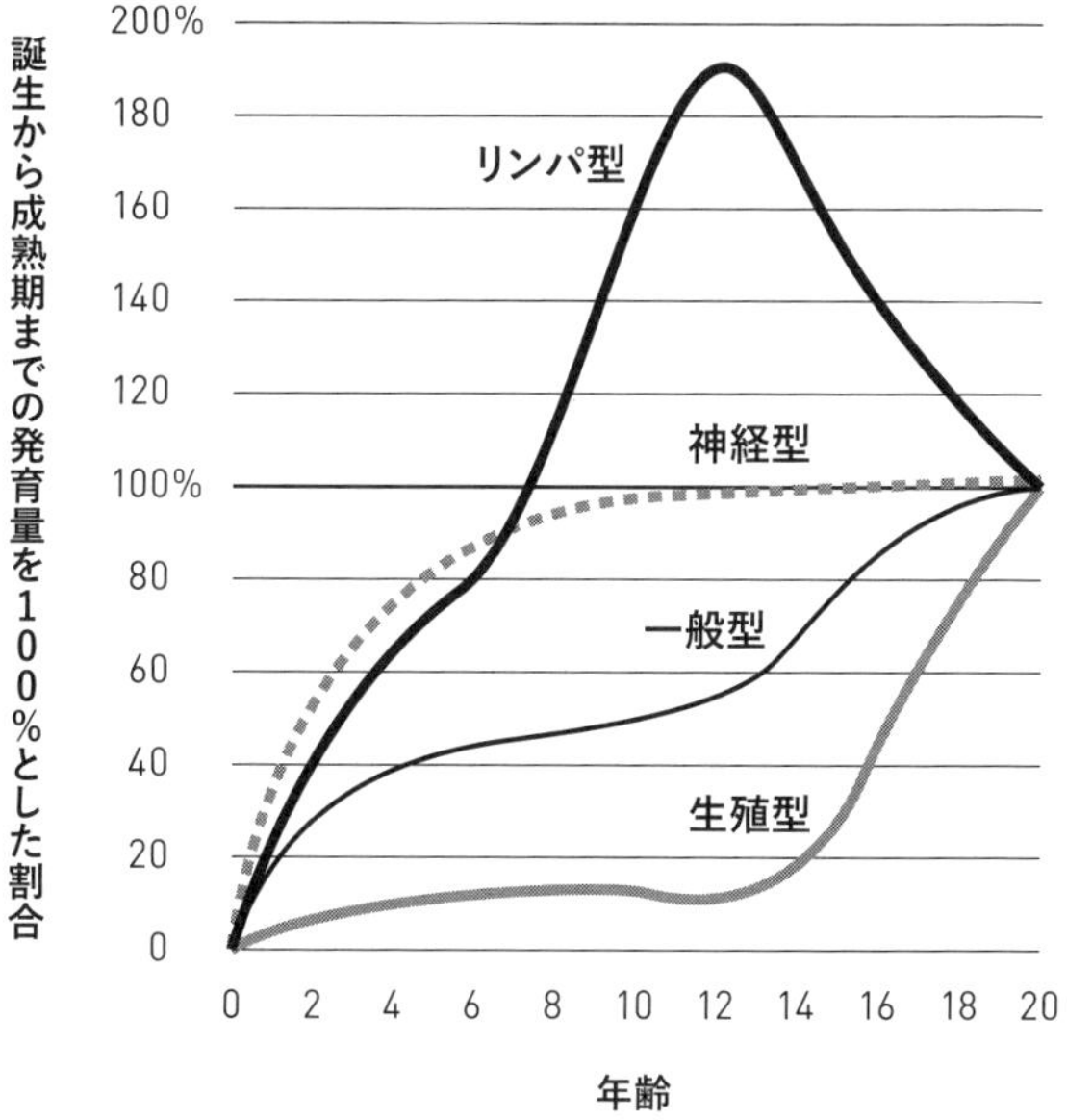

- **神経型**＝脳、脊髄、視覚器など
- **リンパ型**＝扁桃、リンパ節、同質性リンパ組織など
- **一般型**＝心臓、呼吸器、消化器、筋肉、骨、血液など
- **生殖型**＝睾丸、卵巣、副睾丸、子宮、前立腺など

古い研究ではありますが、いまだに重宝される指標であり、身体的な成長の目安として頭に入れておいてもいいでしょう。

たとえば、トレーニングを取り入れるにしても、年代によって内容や目的が変わります。

未就学児から小学校低学年までを「プレ・ゴールデンエイジ」と言って、神経系が発達してくる段階で、遊びながら運動を行なう基盤を作るという年代。体力や感覚的な部分も大きく伸びてくる時期なので、このころにどんな遊びをしたか、どんな感覚を覚えたかということがのちに大きく影響するようです。

ほかの子との競争意識も芽生え始めていると考えられているので、運動をする土台ができ始めていると考えていいでしょう。

だからといって、この年代で競争意識や技術の向上を煽《あお》ってしまうのは好ましくありません。楽しむことや少しずつ上手にできるようになった喜びを通り越してしまい、「負けるな！」「そうじゃない！　もっとこうだ！」という指導になってしまっては、スポーツや興味のあることにのめり込むきっかけを奪いかねません。

子供へのプレッシャーは、親、大人の焦りとも言えます。幼少期の甘やかしも悪影響を与えますが、厳しさの意味を誤解することもその子の人格形成に影響を与えます。

子供の身体的発育にとって、9〜12歳の「ゴールデンエイジ」は重要と言われ続けています。神経系の発達が完了に近づき、肉体的にも成長が著しい年代ですので、それまでとは比較にならないくらいできることが増えてきます。競争意識も高まり、技術を比べられる機会も増えるころ。

一方で、チームメイトや友達との仲間意識も高まり、低学年の子供たちに対しては接し方が変わってきます。集団内での振る舞い方を覚え出すとも言えます。

この後、スタミナ系が伸びる「ポスト・ゴールデンエイジ」、骨格の成長が落ち着き、筋肉を発達させる「インディペンデントエイジ」へと進みますが、この間に思春期を迎え、人間性もよりはっきりしてきます。このように年代によって、練習、トレーニングだけでなく、接し方、寄り添い方も変化させるべきです。

また、小学生世代に対しては、ただ褒めていればいいわけではありません。

上手くできなかった場合、「大丈夫だよ」と言うべき子もいれば、「いまのは上手くいかなかったな」と、次回への課題を挙げながら声をかけてやらないといけない子もいる。相手のレベルによって声かけの内容も変わってくるし、次の目標を達成するための知識ももっていないといけません。

年代や体格差によってもつべき目標が異なり、レベルや性格によってかける言葉も変わってくる小中学生世代。成長著しいこの世代においては、身体的、心理的なことを踏まえて接していかなければならないことを知っておく必要があります。

5 会話を通して「異変」に気づく

スポーツをするうえで、プレー中や疲労の蓄積からくるケガ、または注意不足や天候による事故など、注意しなければならないことは山ほどあります。

指導者は起こりうる危険を察知して選手たちに十分注意を喚起したうえで、彼らを注意深く見守り続ける必要があります。また、万一の時の対応や処置を知っておけば、重症化など、問題が大きくなる危険性を抑えることができます。

まず傷害について。スポーツ傷害は「外傷」と「障害」に分けることができ、「外傷とは、1回の外力によって組織が損傷されるもの」「障害とは、繰り返されるストレスによって組織が徐々に損傷するもの」(『トレーニング指導者テキスト［理論編］』、日本トレーニング指導者協会、大修館書店）とされます。

野球は、体がぶつかり合うようなコンタクトスポーツや、バレーボール、バスケットボールのようなジャンプや急激な方向転換を伴うスポーツに比べると、瞬間的なケガは少ないのですが、学校の部活動中のケガとして、軟式野球部のケガで最も多いのが手指部骨折で20・7％、2番目が足関節捻挫《ねんざ》7・3％、3番目が手指部捻挫6％、4番目が目創傷《そうしょう》3・5％（公認スポーツ指導者養成テキストより）となっています。

野球における外力として最も気をつけるべきは、「ボールに対して」です。野球のボールは硬く小さいうえに、守備の際グラブをはめていないほうの手はつねに無防備になります。キャッチャーはファールチップに備えて手の置き場を工夫しないといけませんし、内野手はゴロを捕球する際、グラブの近くに添える手の位置に十分注意する必要があります。

こうした野球というスポーツの特徴ゆえに、ケガでいちばん多いのが手指部骨折となるのです。

ボールがイレギュラーにはねて目に当たるなどのリスクもありますが、予防策としては、グラウンドをできるだけ丁寧に整備するくらいしかありません。それくらいしかできないのであれば、せめてそこはきっちりとやっておくべきです。

また、非常に近いところからノックを打ったりボールを投げたりということもケガの誘因になりますから、相手の力量と常識を考えて練習に取り組むべきです。

一方、疲労の蓄積によるケガに関しては、つねに練習量や方法などに気を使うに限ります。

「少しくらい我慢しろ」「チームのために痛みに耐えろ」など、昔なら我慢が美談にもなったでしょうが、これは非常に危険です。

指導者の無理強い、または、外障や障害に対する無知が、選手たちの将来を奪うことはじつは少なくありません。なかには黙って我慢をしてしまう選手もいますから、そういったことがないよう選手たちの様子に目を配り、仕草に異変を感じた際は、すぐに声をかけてあげるべきです。

痛みに過剰に反応する選手もいれば、我慢をしてしまう選手もいます。どちらのタイプであっても、よく話をし、慎重に対処しなければなりません。

最近では、職場での過労死もめずらしくありません。ハナから言い分を疑ったり、何も言わないから大丈夫だろうとタカを括《くく》るのは危険です。つねに最悪を想定しながら対応すべきです。

6　「一生に一度はある」と思ってリスクに備える

スポーツに携わるうえで忘れてはいけないのは、夏場などの急な天候の変化です。

ゲリラ豪雨など避けづらいものもありますが、とくに落雷に関しては細心の注意を払っておくべきです。

遠くでゴロゴロと雷鳴が聞こえても上空は晴れているから大丈夫、雲行きが怪しくても雨が降るまでやってしまおう、など、まさか自分たちには落雷などないだろうと油断していると、取り返しのつかない事故に襲われる可能性もあります。世間で起きている事故は、いつ自分たちの身に降りかかるかわかりません。

〝一生に一度あるかないか〟ではなく、「一生に一度はある」と考えておくべきです。

熱中症なども同じです。十分に注意を払い、選手にもことあるごとに注意喚起をしてきたというのであれば、まだ理解の余地もありますが、何もせずに事故が起こった場合は指導者に全面的に責任があると言われても仕方がありません。

こういったケースは、のちに訴訟に発展することも多々あります。どんな事例があり、どういった判決が下されているのかも指導者であれば知っておく必要があります。もちろん、訴訟になった場合に有利に働くからという意味ではありません。そういった事例を知っていればより注意深くなり、選手たちがつらい思いをしなくてすむということです。

「今日は暑いから熱中症になる〝かもしれない〟」

「天気が悪くなってきたから雷が落ちる〝かもしれない〟」

会話の中でこの〝かもしれない〟がつくような場合、すでにその危険は始まっていると考えておくべきです。

〝かもしれない〟は〝そうなる範疇《はんちゅう》〟と考えておけば、予防の意識が働き大きな事故の可能性は低くなります。

ケガや事故のリスクに関しては、できうる限りの想定をしてつねに注意を払っておくことが指導者には求められるのです。

7 要素を分類して、話す

スポーツ選手の育成においては、技能や体力の向上だけが指導者の役割ではありません。体力を伸ばすには栄養を考えなくてはならないし、子供や若い世代であれば社会性、一般常識などを教える必要があります。精神的な強さを育むには心理的なアプローチが必要ですし、試合で勝つためには戦術、戦略の頭脳を鍛えなければならない。

行き当たりばったりではすぐに知恵も底をつきます。**指導すべきあらゆる要素を学び、引き出しに入れ、それぞれ計画性をもって目的、目標をめざすべきです。**

野球で言えば、守備練習だといってノックを受け、バッティング練習だからと、ただボールを打ち、足腰が重要だといってただ走る。楽しみやちょっとした運動としてであればこれで十分ですが、本気で向上しようと思っているのであれば、これでは上達はまず見込めません。なぜなら、肝心の本人の「意識」が変わっていないからです。

守備の上達にはスタートの反応をよくしなければならないし、打球を追うスピードと下半身の安定感を向上させなければいけない。ゴロを上手く捕るにはグラブの使い方を、送球を安定させるには正しい投げ方を、さらには状況に応じた投げ方も覚えなければいけません。

バッティングも同様に、タイミングの取り方や体重移動、スイングに必要な筋力を鍛え、バットの芯に当たる確率を高めるスイングの流れを作り出さなければいけません。

走ることに関しても同じ。昔はライトポールからレフトポールまでダッシュ10本などのメニューをよく課せられましたが、ただ走るだけでは非効率。何らかの狙いをもって走らない限り、何かが大きく向上するわけではありません。

走るという動作はどのような要素からなるのか、その一つひとつを意識的に鍛えなければ、走力は大きくは向上しないし、走力の向上が目的でないのであれば、ではなぜそれをやっているのかという疑問がわきます。

上達するための練習は、結果的にはつらいものがほとんどですが、つらい練習がいいというわけではありません。せっかく時間と体力を費やすのですから、**「この練習によってどこがどう鍛えられるのか」を指導する側、される側がともに認識をもって取り組み、無駄な時間にならないよう気をつけるべきです。**


一般社会の例で言えば、「話す」ということを要素分解してみる。

声の大きさ、聞き取りやすさ、抑揚、視線、表情の明るさや変化、ジェスチャーといったところでしょうか。それぞれの部分を改善することで伝える能力は上がります。

分野によって引き出す要素に違いはありますが、「各要素をさらに分類し」ということから取り組んでいけば細かな部分まで鍛えることができます。

この要素分解の作業をすると、指導すべきことが尽きなくなるため、指導メニューの選択肢が広がり、指導の組み立てに困ることも少なくなります。まずは要素を引き出す作業からやってみてください。

8 「聞く姿勢」によって成果は変わる

野球を指導するなかで、どのレベルの選手に対しても、まず基本として考えているのが「姿勢」。身体的な姿勢と心理的・精神的な姿勢の二つです。

どんなスポーツにも言えますが、**「姿勢」が整っていない人は、まず上手くはいかない、上手くはならないと考えるべきです。**

まず、「身体的な姿勢」について。

野球では下半身から上半身へと力を上手く伝えていくことが必要で、投げる、打つという動作はその動きに当てはまります。そのなかで筋力はもちろんのこと、各関節もある程度広く稼働させ、スムーズな動きを作り出せることが理想。その理想を獲得するには、体の各パーツがある程度理想的な位置になっていなければならない。関節の可動域を広く使うには、いわゆる、「いい姿勢」でなければならないのです。

デスクワークが多い人は運動不足、かつ猫背にもなりがちです。多くのスポーツにおいて猫背は動きの邪魔をします。

猫背とは、背中の上のほうにある肩甲骨の位置や動きが悪くなった状態です。体を丸めると肩甲骨は外側に広がりますが、その状態で長時間じっとしていると肩甲骨が外に広がったまま体が固まることになります。また、骨盤が後傾した（腰が丸くなっているような）状態にもなるので見た目の若々しさを失い、腰、下半身の動きも悪くなります。これは、子供でも同じです。

スマホやゲームに長い時間没頭していれば姿勢を悪くし、目にもよくない。姿勢が悪くなれば、運動をしても上手くいかない。運動をしないでいると、〝動くと疲れる〟となり、やがて〝疲れるから動きたくない〟となる。こうして運動不足と姿勢の悪さのスパイラルが定着し、一念発起しないと抜け出せなくなります。

骨格や筋力は健康状態や自信、やる気などにも影響を与えますから、まずは動ける体勢を整えておくことが肝心です。

野球において猫背の影響を受けやすいのが、投げるという動作です。

背中を丸めた状態で、腕を真上に上げようとすると、肩のあたりの高さで止まってしまいます。これは、肩甲骨が十分に稼働していないことが原因。このような動きの悪い状態

よい姿勢はすべてのキホン

でボールを投げていれば上手くいかないだけではなく、ケガの原因にもなります。

投げるという動作は、肩周辺の可動域に大きく影響を受けます。肩甲骨が正しく稼働するように、まずはその位置を正して柔軟性を向上させ、そのうえで正しいフォームを身につけることが求められます。逆に言えば、肩周辺の状態がフレッシュでなければ正しいフォームは身につかない。

どんなによい指導を受けても、本人の体がその指導を受け入れられる健康的な状態になければ、身につくものではありません。身体的な姿勢を整えることは、運動前の準備の大基本と心得ておきましょう。

9 「たかだか○○」の姿勢では上達しない

次に「心理的・精神的な姿勢」について、これは態度や向き合い方という意味です。

多くの球技では、一つのボールを動かすことでゲームは進みます。そのボールにいかに集中するかということが当然ながらカギになります。

野球において、キャッチボールは基本として重視されます。

とくに、体力や技術がまだまだ未熟である幼い年代では、投げる、捕るという野球の基本技術や、一つのボールに意識を集中する力を身につけられるからであり、相手の捕りやすいボールを投げることで相手を思いやる気持ちを育む機会にもなります。

ところが、「たかだかキャッチボール」という態度が出てしまっている子もいます。

たとえばボールを捕る時、ただ漫然と手を伸ばして捕る。ボールが上下や横に逸れても、ボールに体ごと向かおうとしない姿勢で捕ろうとする。投げる時も、相手の状況などおかまいなしに、自分勝手なタイミングで胸から大きく逸れた場所に投げる。

そんないい加減な姿勢で取り組んでいれば、試合で失敗することは目に見えており、チームメイトに迷惑をかけても何とも思わない選手になってしまいます。たった一つのボールに向き合うこともできず、たった一人の相手を思うこともできなければ当然の結果です。

「ボールへの向き合い方は、野球への向き合い方」です。とくに子供のうちはそうした基本を理解させることも重要になってきます。

何に対しても〝一所懸命〟。何に対しても本気で取り組める集中力。何に対してもまっすぐに向き合える人は、「心も体も姿勢が整っている」と言えます。

体と心には密接な関係があります。どちらかが向上すれば、もう一方も向上する可能性

は高い。スポーツだけでなく、どんな分野でも二つの姿勢は重要なのではないでしょうか。

10 伝えたい内容を「ひと言」にまとめる

では、指導にあたり必要なコミュニケーション法について具体的に説明していきましょう。

相手を知るためには「直接話をする」のが最も確実です。

メールやSNSなどを使った方法も時に有効ですが、文字だけでは伝えきれないこと、感じ取れないこともあります。お互いに言葉のトーンや表情で理解し合うことは、コミュニケーションの基本です。

指導者にとって「何をどう話すか」はまず考えるところでしょう。その日にあったことや次に備えること、チームや組織についての大事な話もあります。指導者によってはあれやこれやと積み重ねすぎてついつい話が長くなりがちな人もいるでしょう。

しかし、話を聞く側にすればやたらと長い話は勘弁してほしい。

大きな会場での講演会や社長の訓示のような大々的なものは別として、部署内やチーム内レベルであれば時間はほかにも作れるでしょうし、長々と熱弁を振るう状況もそうはないはずです。まして、長いうえにまとまらない話では何も頭に入ってきません。

伝え方の３原則

逆に、**短すぎる話も、あまりおすすめしません。**聞いている側に何を言っているのか考える時間すら与えないからです。相手にわかるようにと思えば、それなりの長さにはなります。あまり簡単すぎたり、当たり前すぎたりする話は、何も考えてないような印象を与えかねません。

長くもなく、短くもなく、端的な言葉で印象を残すにはどうすればいいか。

伝えたい内容をワンフレーズ、「ひと言」にまとめるといいかと思います。

たとえば本の見出しがそうですが、ここでは「伝えたい内容を『ひと言』にまとめる」であり、「そのフレーズについて意味するものはこういうことです」と読者を誘う流れになっています。まず、「何について話をするのか」というフレーズに言及することで、話す側も内容に集中でき、話が端的になります。

また、フレーズ→話の流れを作れば、話の前提を踏まえたうえで内容を多方向に展開することもでき、講話などにも使えます。

もう一つ、**「二つの○○」「3要素」など、数を入れたフレーズも聞く側には印象に残ります。**「二つの○○という考え方があります。一つ目は……」というふうに。話が上手い方はたいていそういう話の仕方をされているはずです。

はじめに「二つの」と言われると、聞く側の頭にも印象に残りやすく、「二つの〇〇」という形でフレーズとしても覚えやすい。ただたんに話の中に二つの話を盛り込む場合と比べると、残る印象は確実に違います。話をする際は「印象に残るフレーズがつきもの」と考えておくといいでしょう。

11 相手がリラックスして話せるように「聞く」

一方、聞き方について。

指導者は、ただ受け身で聞いているばかりではいけません。子供や若い人にとって、指導者を前にきちんと話をするのは少しハードルが高いもの。言葉が続かず、言いたいことも言えず、話もまとまらず、ということはよくあります。指導者は上手く話や意見を引き出してあげることが重要です。

私自身も、どういう順番で話していいのか迷ったり、話すことが頭の中で散らかったりということがあります。そんな時に、目の前に話を聞いている人がいる、こちらが何を話すのかじっと待っている、という状況を思うと余計に焦って言葉に詰まってしまいます。

話というのは、初めの入り方でノッていけるかどうかが決まることもあります。

なので、話をするきっかけを作ってあげたり、リラックスさせてあげるのも、聞く側に回った時の気配りの一つ。**「大丈夫だよ」「ゆっくりでいいよ」などの言葉で焦りを和らげ、それでも言葉にできないようであれば「思いついたことから話してみて」「何について話そうと思っているの？」**など、内容のまとまりはともかく、まずは言葉として発信できるよう促してあげるといいでしょう。

ただ、言葉を引き出すのと、口を挟むのとでは、意味が違います。話している最中に言葉をさえぎったり、話しているそばから否定したり、話している人から「主役」の座を奪うのは避けねばなりません。こんな対応をされては、話しているほうはいつ口を挟まれ否定されるのかとビクビクしながら話を進めなければならず、子供や気の弱い人などは途中で言葉に詰まってしまいます。

聞く側に回った時にはしっかりと聞く。できればうなずいたり、微笑んだり、合いの手を入れたりしながら「聞いてますよ」という態度をわかりやすく伝えてあげることが大事です。もちろん、本当に聞いていなければいけませんが。

聞き手の表情は心理学的にも重要です。「口角の上方への緊張は快の気感に関係しており、下方への緊張は不快に関係している」（『動きが心をつくる　身体心理学への招待』春木豊、講談社現代新書）とされ、内容がデリケートなものでなければ、できるだけ口角を上げて聞いてあげると、ポジティブに話を受け入れてあげることができ、その表情を見て相手も話しやすくなるでしょう。

また、どうしても相手の話を受け入れづらい傾向がある人は、**話をひと通り聞いた後で「なるほど！」とひと言発してみる。**いったん相手の話を飲み込み、肯定的に受け止めてあげた後に、「自分はこうも感じたよ」と応じれば、双方にとってある程度納得感のある会話になります。

コミュニケーションというものは、どう話すかも大事ですが、同じくらいどう聞くかも大事です。自分の話を聞いてくれる人にはどんどん話す気になりますが、聞きもせず一方的に話すばかりの人には閉口してしまうものです。

指導者が自分の話を聞いてほしいと思うのであれば、まずは相手の話に耳を傾け、相手の心に寄り添うことが重要です。

12　「感じ」というクッションをつけて指導する

野球を指導する際、「こうやってスイングするんだ」「腕はこう振って投げるんだ」など、ついつい自分の動きを真似るよう求めてしまいます。

教える相手が子供であれば、なおさらそうなりがちです。しかし、人によって動作の癖や感性などが違うため、形だけ真似てもいい結果につながるとは限らないし、指導者が言っている通りに受け取ることができるとも限らない。

また、指導者の頭の中のイメージと指導者が実際に手本として見せている形にズレがあるケースも多く、そうなると、子供たちがいくら真似してみてもどうも気に入らないということになります。指導する側は客観的に自分の姿を見る機会がほとんどないために、イメージと実際の動きが合っていないということに気がつかない場合がよくあります。

そもそも野球における投げる、打つなどのフォームは、大きくとらえるならば誰しもある程度共通するものがありますが、細かく見るならば、それぞれに「個性」があります。

フォームなどの技術指導をするにしても、おおよそ一般的、常識的な動作を指導するところで止めておいたほうがよく、それ以上の細かい動作を指導する場合は、かなりの知識が必要で、それをやる理由や獲得できるスキル、期待できる結果などを明確にしないといけません。

ひと言で言えば、安易に投球、打撃フォームの矯正は行なうべきではないのです。変更後のフォームが本人に合わなかった場合、全体的なバランスを崩してしまうことにつながりかねず、本人はもうどうしていいのかわからなくなってしまいます。本人の意思を十分に確認しなかったり、または「お前もそう思うだろ」といった本人の感覚を無視した半強制的な指導は、指導者の自己満足であり結果が伴うケースはごくまれです。

たしかに、その選手を客観的に見て、ちょっとバランスが悪いな、この動きがネックになっているな、などと感じることは、指導者なら誰しもあります。しかし、難しいのは、その無駄な動きがあるからよさも引き出されている場合があったり、骨格の癖によって自然とそうなってしまう場合もあるのです。

また、本人に無駄な動きをしている自覚がない場合、「ここの部分のこの動きが」と説明しても理解してもらえないこともあるので、伝えるということは非常に難しい。とはいえ、本人のためには変えていかなければならないし、とも思う。

そういった時に伝えるコツが、**「言葉にクッションをつける」**ということ。指導する側、される側の逃げ道を作るという考え方でもあります。

簡単なことです。こう指導したいというセリフの中、またはセリフの最後に「感じ」と入れるだけ。

野球の指導で言えば、「こうやってバットを振れ」ではなく、「こんな感じで振ってごらん」とか、「ライナーを打て」ではなく、「ライナーを打つような感じで」など。

とくに子供に「こうしなさい」と言って指導した場合、それができるかできないかという白か黒的な受け取り方になってしまうため、もし言われていることができなかったら、子供は劣等感を抱いてしまいます。そもそも言った通りにやれる保証はないのですから、子供に無駄な失望を与えることはない。

要するに、**こちらの言葉通りの動きを確実に再現させようとするのではなく、なんとなくから入り、まずは頭の中でイメージしてもらう**ということ。また、「感じ」であるために、指導されたことをだいたい再現できればいいと受け止めることができるので、さほどプレッシャーにはなりません。

加えて、指導者にとっても、「感じ」をつけておけば、確かな知識や見本を見せてあげる必要もないために、「おそらくそう思う」くらいの時などには、または確たる自信がない場合などは、ずるいようですが逃げ道にもなります。確かな知識がありながら双方が必ずしも厳密に実行しなくてよいという「ゆとり」をもつことは、とても大切です。

そんなほどほどにいい〝さじ加減〟の指導ができると、相手とのよい関係も保てるのではないでしょうか。

13　「たとえば」を多用する

どんなに勉強していて、どんなに素晴らしい理論をもっていても、伝わらなければ「伝えていないのと同じ」です。

では、自分の考えをどう伝えるか？

「もっとこうだよ！　違うよ、そうじゃなくて、こうだよ！」

いくら身振り手振りを交えて熱く指導しても、〝そう〟とか〝こう〟とかの連発では、伝わりません。

そもそも指導する人の〝こう〟と指導される人の〝こう〟は、双方、体格、柔軟性、筋力、感覚も違うので、一致することはほぼありません。何を言いたいのかをきちんと言葉にできていない場合は、ほとんど伝わっていないと考えるべきです。

自分の言わんとすることを相手にきちんと理解してもらうには、その人の感覚や感情に近づかなければならない。

たとえば、小学生に伝えるのなら、友達とのやり取りや学校、家庭でよく出くわす事柄などに絡めたりして、相手の立場に立ってわかりやすく説明したいところです。コツとしては、体の動きやモノの様子などにたとえてみる。

腕を曲げるのであれば「ガッツポーズのように」、腕をピンと伸ばすなら「飛行機のように」など。スポーツの動きは複雑なものも多いのですが、できるだけ単純化して相手がイメージしやすいものに置き換えます。

「たとえば……」

指導においてはこの言葉が頻繁に出てこないといけない。何かにたとえて話すことで、自分自身も相手に一生懸命伝えようとします。わからなければもっとわかりやすい「たとえば」を探します。その結果、相手にも伝わりやすくなり、お互いに理解が深まり、より心を通わせることができます。

相手が大人のケースでも同じです。お互いがイメージを共有できるような言葉を投げかけていきたいものです。

14 「理解できないもの」は説明しない

では、「たとえば」が出てこない場合どうするか？

指導者が説明できそうにないのであれば、その話は出さずにいったん保留にしたほうがよいかもしれません。間違って理解されてもいけないし、時間をおいて、説明する準備を整えてから話すのが無難です。

また、**何かにたとえられないということは、指導者自身がそのことについての理解が不足しているとも考えられます。**それも含めて機会を改めるべきです。

インプットした知識と経験をどうアウトプットするか？

知識やスキルはアウトプットしなければ、それがどんなに素晴らしかったとしても誰にも認めてもらえません。伝え方や表現力も、指導者にとっての「違い」が出る部分です。

きちんと伝われば、指導する側もされる側も嬉しい。できるようになれば双方さらに楽しいのですから、相手がイメージしやすいたとえをひねり出す努力はやりがいのあるものだと思います。

15　ユーモアを交えて話す

指導者は、厳しさや真剣さだけでなく、陽気さも持ち合わせていなければ、指導される側のテンションも上がりません。

こわばった表情で指導者の顔色をうかがってばかりということはプレーに集中できていない証拠であり、つまらなそうな顔をして聞いているということは、あなたの話がつまらなくさせているのです。せっかくその分野に興味をもち始めたのに、それではモチベーションも失せて、いずれ辞めてしまうのがオチです。

たしかに、何をやるにしても面白いことばかりではありません。

スポーツであれば、相手に勝つ、記録に挑戦するということは、一定の試練がつきまといます。しかし、楽しかったはずの体験がつまらなくなるとすれば、指導者側にも責任があるかもしれません。

たとえば、試合前のミーティングは試合に入る準備や気持ちを盛り上げるための大事な時間であり、その内容によって選手の気分は大きく変わります。結果に対する不安や恐怖心を感じている選手の「背中を押してあげる」材料が必要です。硬い表情のままでは体も固まり、そのまま試合に臨むことになってしまいます。

「よっしゃ、行こうぜ！」とみんなが声を上げるような盛り上がりのなかで試合に臨みたいものです。

そこで必要なのが、**「隠し味」のようなひと言。**

笑えるジョークでもいいし、雄叫《おたけ》びが上がるようなひと言でもいい。

何を言うかはその状況にもよりますが、ふざけすぎず、滑りすぎず。やや滑るのはかえって面白いのですが、空回りはもう一回盛り上げないといけないので要注意。とにかく、どうにかして盛り上げる。これもまた指導者の役割の一つです。

チームスポーツでは、一人の選手が前に出て、ひと言言って盛り上がるというシーンがよくあります。私もU-12ではよく子供たちの代表を選んでひと言言わせていました。

指導者が話すよりも子供同士のほうが通じ合うということもあり、盛り上げ上手な子を指名して話をさせます。この盛り上げ役の子が上手く盛り上げる話をするためには、監督自身の話がその流れを作れていることが大事です。

監督が眉間《みけん》に皺《しわ》を寄せて話をしていたのでは、急に盛り上がることなどできません。試合前だけでなく試合後においても、ミーティングの際は、言いたいことが上手く伝わるよう、話をちゃんと聞くことができるような流れや雰囲気を作り、最後のオチまで頭に入れておくべきです。

また、必ずしもわかりやすいユーモアで締めなくても、真剣モードで終わってもいい。

私が考えるユーモアは、たんに面白おかしいというだけのことではなく、「選手の気持ちが盛り上がる言葉やアクション」を含ませたもの、ということ。選手の表情を生き生きとさせるためのユーモアやセンスも、指導者が身につけておきたいスキルの一つなのだと思います。

16 科学的アプローチの前に「目的、目標」

練習やトレーニングは、必ず根拠に基づいて行なわなければなりません。

たくさんやればいい、きつい練習であればいい、はナンセンスであって、「なぜそれをやっているのか？」「それによってどんなスキルを獲得できるのか？」が明確でなければ、時間と労力のわりには身につくものが少ないからです。

しかし、なかには逆のケースもあります。逆というのは、どんなに理にかなった、科学的に証明されているトレーニングを行なっても、肝心のアスリートが何のためにそれをやっているのかを理解していないケースです。

最新理論を取り入れたトレーニングを行なっているのに、与えられているから淡々とやっているだけ、ただやらされているとしか感じていない。

こういったケースでは、何もしなくてもある程度できてしまう（課題がない）、恵まれた環境に慣れてしまっている、そもそもやりたいことではない、などが考えられます。

トレーニングをする理由の根本は「目標に向かい達成する」ことです。

「いまその選手はどんな課題をもち、どんな位置をめざすのか」ということが行動を起こす際の第一歩です。それによってやるべきことや目標が明白になり、トレーニングに向き合う原動力になります。

スポーツというのは、走ることや止まること、体を回転させたり捻ったりと、人間のできうる動作を駆使して結果を求めていくものです。

その動作は細かく分ければかなりの種類があり、指先や目の動きにすら手法がありま す。そのアレンジも含めれば数えきれないほど手法があり、その一つひとつに、当然のことながら目的があります。

わからずにやっていても効果を望めはしますが、なぜやっているのかまで理解していれば、より効果を出そうと努力したくなるはずです。

いま自分は何をやっているのか？　その効果はいかなるものか？　ということを本人が理解しようとしなければ、やはりその努力は続かないでしょう。とくに団体競技であれば、自分の立場に対する自覚や責任を感じることも必要です。

そういった意識を植えつけさせるためにも、やっていることの意味を教示することは重要なのです。

細かなところまで丁寧に。そして根気強く。

これも指導者としての腕の見せどころだと思います。

17 「答え」は自分がもっている

子供への教育や指導となると、つい先回りをしてしまい、「ほら、こうしなさい」と、答えを言ってしまいがちです。本当は、時間がかかっても自分でやり遂げることが重要なのですが、見ていると待ちきれなくなって、つい口を出してしまう。

時間があれば、「できないよ」と泣きべそをかいていても「自分でやってみなさい」と本来言えるはずなのですが、大人や親というものはなかなかそうもできない現実があります。

ただ、こうも言えます。

少し考える時間を与えてあげればできるのに、それをさせずに「できた」と自信をもつチャンスを奪ってしまっていると。じつは、大人が思うほど子供たちは何もできない、わからないということばかりではありません。

小学生たちからよく受ける質問です。

「どうしたら遠くに飛ばせますか？」

「どうしたら打てるようになりますか？」

「どうしたら上手に投げられますか？」などなど。

だいたいが抽象的なので答えにくいのですが、野球に限らずスポーツをやっていればこういった壮大な疑問にぶつかり、答えがあると信じて探求します。

子供たちやその親御さんからすると、その世界で活躍している人たちは普通とは違う成長過程や特別な勘をもっているのではないか、と思うのかもしれません。

たしかに、もって生まれた資質はあると思います。ただ、初めから何でもできたわけではなく、そのスポーツに触れるうちに何かのきっかけで上手くできる方法を見つけ、そこで満足せずに能力をアップデートしていけたからこそ、人との差を作れたのです。

そもそも、子供たちがよくする質問の内容は、プロであっても引退するまでずっとそのことに疑問をもって取り組んでいたりします。それを深く追求するか、探し続ける執着心があるかによって、プロでも差が出るということなのです。

話を小学生の質問に戻しますが、こういった質問、じつは子供たち自身が答えをもっています。

そこで、**子供にまず疑問や質問したいことを考えさせ、ノートに書き出させます。**それを発表させてもそのままでもいいのですが、少し時間をおいて、今度は、先ほど書いた自分の質問に答えさせます。これがやってみると意外なほどに一つひとつに答えられるのです。

要するに、自分なりに答えを見つけ、答えを出そうとすれば、じつはできるわけです。より的確な背伸びをした答えを探すより、いま現在自分ができることから発想することが重要です。これは、年代関係なく真似できますから、ぜひ試してみてください。

トップ選手にコツや難しい技術を聞いても、本人にそれを再現できる体力や能力が備わっていなければ意味はありません。

指導する側がそれなりのアドバイスをすべきなのは当然として、まずは自分で答えを見つけさせ、そのうえで付け加えるようなことがあればひと言、ふた言上乗せしてあげればいい。子供や若い人にとってはとくに、疑問をもち、答えを見つけようとする過程が大事です。問題を解かずに答えだけ書き写していても身につきません。答え合わせは自分でやってみて体感し、もし間違っていたと思うならば新たな方法を考えればいいのです。

学ぶことは大事、でも、学ぼうとする意欲はもっと大事だと思います。

18 「三つのポイント」を意識して観察する

野球というスポーツは、自分主導で動くピッチャーと、ピッチャーの動きに合わせて動くバッターでは初動のきっかけだけでなく、動きの流れも目的も違うので、それぞれ専門的な観点をもっていないと、なかなか細かな指導はできません。

とはいえ、専門的な知識がなくても「なんとなくおかしい」「なんか違うんだよなぁ」といった感想をもつことはあります。

それは、全体的な動きの流れがスムーズではないとか、あるところで動きに淀みがあるといったような、動きの全体像に違和感を覚える時です。特徴的な動きをする選手もいますが、多くの選手は一連の流れをもっています。その流れの中に時として不自然な点が見えることがあります。そういった時に見るべきポイントが三つあります。

まずは**「リズム」**。

スポーツの動作には、動き出してから終わるまでに一連の流れがあり、そのリズムは非常に重要です。野球の場合では、投げる、打つなどのフォームがそれに当たります。

ピッチャーであれば、投球動作を始めてからボールをリリースするまでの時間が、毎回バラバラではいけないし、早すぎても遅すぎてもいけない。また、一球一球の投球間隔も大事なリズムの一つです。

バッターの場合は、いちばん重要なのは動き出すタイミング。ピッチャーの動きに後れを取らないよう、逆に早すぎて間がもたなくならないよう、自分なりのリズムを作りながら動き出すタイミングを見つけないといけません、ゆったりとトップ（打つ体勢）に入っていくという流れを作らなければなりません。

次に「**バランス**」。

ピッチャー、バッターのいずれも、一度軸足に体重を乗せて力をためるのですが、その際の体の傾き具合や軸足にいつまでどのくらい体重を乗せるかなどによってバランスの良し悪しが出てきます。一般的には上半身、下半身ともに最後まできれいなバランスを維持できなければいけません。体勢がグラグラと不安定になるようでは次の動作に十分な力を伝えきれないので、そうなりがちな人は動作中のどこに乱れがあるかバランスを注視する必要があります。

最後に「**タイミング**」。

投げることも打つことも、集約させた力をどのタイミングで効率よくボールに伝えるかがカギになります。とくにバッターは、ピッチャーのモーション、変化するボールのスピードにタイミングを合わせたうえで、打つ瞬間に力を集約させます。

タイミングは、バッターにとっては永遠のテーマ。相手に合わせる、体を動かす、力を発揮する、これらのタイミングすべてが上手くいって初めて打ったボール、投げたボールに力が伝わります。ベストなタイミングとは、最高の瞬間とも言えます。その一瞬によって結果は大きく変わってしまうわけですから最も追求しなければならないものです。

19　会話も「リズム、バランス、タイミング」が大事

リズム、バランス、タイミングの三つの要素は、指導者が選手と接する時にも応用できます。

たとえば、**相手の話す「リズム」に合わせる会話をしてみる。**いわゆるページングですが、相手の話すスピード、テンション、トーン、ジェスチャーなどに合わせることで、コミュニケーションの質が上がっていくと言われています。

また、**会話には「バランス」も必要です。**

指導者の一方通行な話では会話は成立しません。何かを伝えるにしても、どう受け取ったのか、どう理解したのか、などを自然な流れのなかで質問を入れて引き出しながら話すことも重要です。また、概して、指導者のほうが饒舌《じょうぜつ》になりがちなので、時には相手に思いきり話してもらうような雰囲気作りもよいかもしれません。

そして、**質のいいコミュニケーションをとるには、どの「タイミング」で話しかけるかも重要です。**

たとえば、注意をするにも、タイミングによって相手の受け取り方は変わります。時間をおいて冷静に諭すように注意したほうがいい場合もあれば、思ったその瞬間でなければならない時もあるでしょう。褒めることも同様で、時間的なタイミングだけでなく、どういう場で言うのかという「状況」でも、相手に与える影響は変化します。

話す場合も、リズム、バランス、タイミングに留意すると、相手にこちらの思いが伝わりやすくなるのではないでしょうか。

Column

「俺たちの時代」はガラクタ

自分の育った時代がいちばんよかった、とは誰しもが思うこと。しかし、それはその人なりの思い出がたくさんあるからであり、また、話を聞かされている人にも自分が育った時代があるわけですから、共感されるとは限りません。時代の変化を受け入れないと、とくに指導の現場では受け入れてもらえないことが多いようです。

科学の進歩によりスポーツも昔とは考え方が一変しました。野球のような動作が複雑に連動するスポーツでも解析が進み、私たちが子供のころに受けた指導法や言葉はいまはほとんど使うことがありません。昔の多くの指導者は感じたままを言葉にしていたのですから、言葉と現実が違っていても仕方がなかったとは言えます。

ピッチャーは高いところから投げおろせ。バッターは上からボールを叩け。ゴロを捕る時は足を広げて、腰を下ろして左足の前で捕れ、など。当時はそういったことそれぞれが誰にでも当てはまる間違いのないものだと信じ込まれていたのだと思います。

「水を飲むな」「肩を冷やすから水泳はダメだ」「うさぎ跳びだ」「グラウンド100周だ」「1000本ノックだ」……昔はそんな指導もよく聞こえてきました。いま思えばどれもでたらめで、そこまでやらされる意味が理解できない。

昔、スポーツをやっていた人はこんな言葉を口にしていませんでしたか？

「これ何の意味があるんだ？」

こうした運動や考え方は、まったくの無駄というわけではないのですが（ただし、水を飲むな、は無駄どころか害になると言えます）、耐えに耐え、疲労困憊になったわりにはさほど収穫が期待できません。正しい情報が流布してなかったのですから、指導者にとっても的確な方法を見つけるのは難しかったとは思いますが、医学や科学の世界から声が上がらなかったのも不思議と言えば不思議です。

「いいか！　俺たちの時代はなぁ」とか、「昔はこうだったんだぞ！」と声を荒らげても、聞いている人にとっては「だから何？」でしかありません。昔は昔、いまはいま。

「いま使えないものはガラクタ同然」、〝俺たちの時代〟はその人の経験にすぎないのです。

過去の悪習も、経験として生かすべきです。いま思えばどうだったかをよく考えて、アレンジするなり、封印するなり。経験を無駄にするのはもったいないし、その経験から無駄をなくさなければいけない。

大切なのは**経験の「棚おろし」**です。時代に沿うということは指導において取り組むべき大きなテーマの一つだと言えます。

第5章

心をまとめる

——仁志流・強いチームの作り方

ここでは一歩踏み込み、チームを作るうえで意識すべきことをお伝えします。

とくに短期間で結果を求められるような指導者にとっては最初に、どういうチーム、組織にするか具体的なイメージを描くことが求められます。基本的な考え方であっても、ないがしろにはできません。一つひとつ確認してみてください。

1 なぜ「10分前集合」なのか

チーム作りにおいて最も大切なもの。それはまず、チームの方針、目標を指導者側ができるだけ明確にすることです。そのうえで組織としての規律、品位にも注意を促すことで質の高いチームへの意識を植えつけさせることができます。

たとえば、規律で言えば、まずは「**時間厳守**」。

遠征先などにチームで移動する際、一人が遅刻したからといって、本来の予定を狂わせることはできません。かといって、置いていくわけにもいかない。その結果、目的地へ着いた時には集団全員が遅れたということになり、真面目に行動している人をも巻き込むはめになってしまいます。たった一人のうっかり、いい加減な行動が集団の評価を下げ、最終的には引率、指導する者の監督責任になります。

時間のとらえ方は人それぞれですが、つねに余裕をもって行動しなければなりません。

10分前集合。

私もよく使う言葉です。プロ野球の読売巨人軍には「ジャイアンツタイム」という言葉があり、私の現役時代には集合時間の20分前、早い人では30分前には来ていました。

10分前集合とは、「10分前には絶対にいなければいけない」という意味なので、やがて20分前集合となり、その時間には確実に到着していたいので30分前になったのだと思います。

早い分には迷惑はかからないものの、これはちょっとやりすぎかとは思います。とはいえ、いまだにそうした癖は抜けずに早めに行動しがちです。

なぜ、「10分前」なのか？　だったら10分前の時間を集合時間にすればいいじゃないかと言う人もいます。たしかに、12時に集合させたければ、11時50分集合で12時出発という予定にするのが丁寧かもしれません。

しかし、時間をだいたいでとらえる人は、11時50分集合と言われてもきちんと守ることができない。そういう人のための出発までの10分の猶予《ゆうよ》なわけですが、遅れる人のために10分前にしておかなければいけないという考え方自体、監督する立場としてはいかがなものかとも思います。

11時50分集合の意味を「本当は12時出発で10分前は一応の集合時間」だと理解されると、だんだん10分前の効果もなくなり、そのうち「12時に出られればいいんでしょう?」「12時くらいに行けばいいんでしょ?」となるのは目に見えています。

スポーツの大会では分刻みのスケジュールになっており、開催者や参加チームに迷惑をかけるわけにはいきません。これが国際大会ともなれば、日本チームという見方を超えて、「日本人は」ととらえられます。日本を代表して他国へ行き、「日本人はいい加減だ」と酷評されては、代表として申し訳が立たない。マナーや立ち居振る舞いも気をつけなければいけないのが、年代問わず、代表チームの使命です。

10分前行動は、「自制の初歩」とも言えます。早めに出向くことで、早めに準備をし、出発までには万端にしておく習慣が身につきます。もし、忘れ物をしても近場なら取りに帰れるし、不測のトラブルに見舞われた場合に対処する時間的猶予が生まれます。

時間を守ることは、集団行動における約束事の「一丁目一番地」だと思っています。

2 「少しくらいいいだろう」がチームの輪を乱す

また、人間心理として、「少しくらいいいだろう」「自分一人くらいいいだろう」というものがあります。

社会心理学では「みんながやっているから」というものもあり、「赤信号、みんなで渡れば」がその例でしょうが、いずれにしても、人が集まれば集団心理が働き、少しくらいなら問題ないだろうとなりがちです。

「少しくらいなら」は、どんな人にもある程度は備わっている心理ではありますが、実際にそれをやってしまうと問題は発生します。

たとえば、「少しくらいいいだろう」と思った人が規律を破って行動すると、必ずそれを見て「じゃあ自分も」と続く人が出てくる。すると「みんなやっているから」となり、しまいには収拾がつかなくなるという連鎖が考えられます。

U-12日本代表の子供たちには、このことを初めのミーティングの際に必ず話します。

グラウンド上だけでなく、ホテルでの生活も含めて、片づけや物の運搬などいろいろな場面で起こりうるのだと。

「少しくらいいいじゃないか、一人くらいいいじゃないか、という考えはみんなが必ずもっている。もしその考えをみんなが一斉にしてしまったら、どういうことになるか考えてみて」と。

そして、こう続けます。

「『少しくらいいいじゃないか』を『少しだけでもやっておこう』と、『一人くらいいいじゃないか』を『一人だけでもやっておこう』と、考えられるようになろう」

その小さな心がけがチームのためになり、ひいては自分のためにもなるのです。

3 「いつも見ているよ」という気持ちで接する

子供たちの心理には、みんなと違うことをすると仲間外れにされるのではないか、という恐怖感があるようです。

たとえば、先述もしましたが、夜の自主練習でのこと。素振りを始めてしばらくすると、飽きてきた何人かがおしゃべりを始めることがあります。

一方で、自分はやるべきことをやる、ほかの子が何をしていても関係ないとばかりに、一生懸命に汗を流しながら黙々とバットを振っている子もいます。そして、やることをやったらサッと終わりにする。おしゃべり組が「そろそろ終わりにしよう」と言ってもダラダラおしゃべりを続けているのとは対照的です。

大人でも同じですが、目的が明確であれば周りを気にせず、やるべきことを淡々とこなすことができます。周りに流されて行動する人とでは、時間が経つにつれて差がつくのは目に見えています。

「集団の中の一人」という意識が強すぎると、少しくらい、一人くらい、と考えてしまいがちですが、自分をしっかりともっているとそうはならないのだと思います。

指導者としても、必要以上に「集団の中の一人」と感じさせないように気をつけなければなりません。子供の場合はとくにそうで、自分を「その他大勢」と感じた時、集中力が切れてしまう。自分はちゃんと見られていない。だから話を聞いていなくても、遊んでいてもいいや、「一人くらいいいや」と、なってしまいます。ですから、指導者は「いつも君を見ているよ」と、メンバーに感じさせることが重要です。

経営者だったら社員の行動に目を配り、折を見て「いつも頑張っているね」「ありがとう」とひと言添える。一人ひとりの行動の集積がチームとしての行動になります。

自分の行動を自分で改められる集団こそ、質の高いチームの証。チームの質は、個人の行動で決まります。指導する側とチームのメンバーはつねに１対１の関係だと感じさせる。その意識を大事にしたいものです。

4 キャプテン中心のチームを作る

少年野球においては、大人がチームを作り、まとめるという印象がありますが、じつは子供たちなりの社会があります。

力が強く野球も上手な子がいれば、その子がほぼチームの中心にはなるでしょう。おしゃべりな子もいます。大人しい子もいます。自分勝手な子がいたり、ひょうきんな子がいたり。大人の社会と同じようにキャラクターはさまざま。

同じユニフォームと野球をやっているという共有点があるからある程度はまとまりますが、自由を与えすぎると大変なことになります。

大人が一喝すれば事は収まりますが、恐怖で収めるような手段は極力控えるべき。

大人の顔色をうかがいながら行動させたり、怒られると怖いからやらないというのでは、「やってはいけないと言っている真意」が理解されません。できれば子供たちのなかでそういった問題は解決してほしいものです。

そんな時、チームをまとめるキャプテンの存在は大きい。子供たちのあいだでも、「あいつに言われると」という思いはあります。

U‐12代表チームを作る際、ビデオ動画を応募し、そのなかから選ばれた子はさらにトライアウトと言われる技術テストを受け、そこから硬式球で行なうワールドカップでは18人、軟式球で行なうアジア大会では15人が選ばれます。

その間、やらなければならないことの一つに「キャプテン決め」があります。

選手の招集時にはある程度チームの形になっていることが理想なので、あらかじめキャプテン（候補）を一人決めておきます。

トライアウトに来るような子は自分の所属チームではキャプテンをしている場合が多いので、見るべきポイントを押さえておかなければなりません。

普段のプレーの様子が見られればいいのですが、全国を巡るわけにもいかないためトライアウトに取り組む態度や振る舞い、プレーぶり、周りとの接し方などを見て判断します。

とは言いながら、意外と大事なのはファーストインプレッション。

ひと目見て「この子は」と思う子がいます。**単純に顔です。**

もちろん、格好いいとかかわいいとかではなく、「顔つき」です。「人柄は顔に出る」とよく言われます。子供たちを見ているとそれはよくわかります。後になって性格がわかると、なるほど、やっぱりそうだなということも少なくありません。

野球に取り組む目つきや表情。周りに惑わされずに自分のやるべきことに集中している様からも違いは一目瞭然です。

バッティングの順番を待っている際、ただバットを持って待っている子、ほかの子の様子を見ている子、おしゃべりをしている子、キョロキョロ、オロオロしている子、いろいろいますが、ピッチャーのボールに合わせて素振りをするなど、自分がその場でやれることに集中できる子はまず間違いないと言えます。

選手の選考はほぼ技術や体力などの結果によるものですが、キャプテンの選定はそれに加えて、意識のもち方といった印象が顔に出ているという私なりの仮説をもとに行なってきました。

5 「ナンバー2」次第でチームは変わる

振り返ってみても、キャプテンの選定は間違ってはいなかったように思います。圧倒的な存在感の子もいれば、いちばん小柄な子にしたこともありました。自分の所属チームではキャプテンではないという子もいましたが、それぞれ力を発揮していたと思います。

なかでも面白かったのは、いちばん小柄な子をキャプテンにした時のことです。その時はまだU-12を立ち上げたばかりで、ビデオ動画だけの選考会。ですから顔つきも十分にはわかりませんでした。

ビデオに映るその子の動きには真面目さと堅実さがうかがえました。守備の動画の中で、どんな体勢からでも1塁への送球を丁寧にしている。ワンバウンドでも1塁に確実にコントロールして投げている様子が、いい意味で普段よく教育をされている印象。浮ついたシーンは一度もなく、終始緊張感をもって取り組んでいました。

じつは、その小さなキャプテン、招集時は私も心配していました。子供の社会では体が大きい、力が強い子が前に出てくるケースがほとんどですから、迫力で負けてしまうのではないか、と。しかし、意外なシーンに驚きました。

ほかの子は一回り、二回りも大きい子ばかりでしたが、その子たちが小さなキャプテンをあえて前面に出すような行動をしていたのです。

大きな子たちがつねにキャプテンの言葉を待ち、キャプテンの後について行動する。

印象的なエピソードがあります。アジア選手権では、全チームを集めての歓迎会が毎回開催されるのですが、そこで各チーム出し物をしなくてはいけないことになっています。

日本チームの子たちはその日までに、空いた時間にスタッフのパソコンを借りてネットでよさこいの振り付けを一生懸命覚えていました。結構本気で取り組み、当日も盛り上がりました。その踊りの最後、全員がステージ中央に集まって決めのポーズをします。

その時、全員の輪の中央からぬっと出てきて決めポーズをとったのが小さなキャプテン。みんなで考えた振り付けの最後にあえてキャプテンが脚光を浴びるよう演技構成していたのです。

その光景を見て、**キャプテンの存在感は本人だけではなく、周りの盛り立てによって作られることもある**のだと感じました。

もちろん、いい仲間あってのことですが、大人の社会ではそんな現象はあまり起こらない。子供の社会だからこそのことかもしれませんが、感心し、感動したことをよく覚えています。

また、大会が終わった時にいつも感じていたのは、キャプテンが違っていたらチームも違っていただろうなということ。もちろん、あの子にしてよかったなぁという意味で。

大会中盤にもなれば、子供たちの性格もだいぶわかってきます。いろいろなタイプがいるので、自分の選定にホッとすることも正直あります。「ファーストインプレッションが間違っていたら結構大変だったなぁ」とか「やっぱり顔つきに出ているなぁ」とか。

指導者はそのチームの確固たる重要なリーダーではありますが、全員に同じ目線で話せるナンバー２、キャンプテンのような存在も同じように重要なのだと感じさせられます。

6 意志がブレないリーダーを選び、育てる

いつも子供たちにはリーダーとなる資質を求めています。

U－12の子供たちは、所属するチームへ帰れば間違いなく押しも押されもせぬリーダーであり、近隣の小学生たちと比べると実力的に抜きん出た存在です。

となれば、当然周りの子供たちは日本代表の子がどんな発言をし、どんな行動をとるのか気になります。言ってみれば、つねに観察されているような状況となり、人目を意識しながら生活することになります。

子供たちのなかには、こういった現実に耐えられない子もいるようです。前述しましたが、子供であっても日の丸を背負うというのはそういうことでもあり、野球界にとっても期待される逸材はその重荷に耐えてこそという現実もあります。

しかし、ある意味それは秀でたリーダーになるためのお膳立てができた状態であって、そのうえで堂々と振る舞えるかが問われてきます。

リーダーになるということは、複数の人の上に立ち、つねにその行動、発言、決断を観察されています。その一挙手一投足は多くの人を巻き込むわけで、観察している人たちにとっては時としてこの人に運命を預けていいのかという不安、恐怖が頭をよぎることがあります。

そういった時にまず大事なことは、リーダーの進もうとする方向性をはっきりと示すこと。そしてブレないこと。さらには柔軟であること。

意志をもつことは大事ですが、間違いや新たな発見などがあった時に軌道修正できる柔軟さも必要です。前に突き進む強さは、時に枠をはみ出てしまうこともありますが、そういった時に臨機応変な対応ができないと、やがてついてくる人もいなくなります。

リーダーとは周囲の人を評価し、掌握するものと勘違いしている人もいますが、それは一側面であって、リーダーが出した結論、結果に対しては周囲の人たちからの評価がつねにつきまといます。そういった視線をどのように受け止め、そのうえでどう振る舞うのか？　そして、評価されることを恐れない強さ。批判を受け止める強さ。間違いを正す勇気。つねに責任と覚悟が必要な存在なのです。

そう言ったことすべてを子供に求めるのは無茶な話ですが、キャプテンに対しては、つねにチームの中心である自覚を促し、ほかの子たちが規律を破れば真っ先に注意するよう伝えていました。

先頭に立つということは責任を与えられたということであり、その責任に対してほかの子供たちは当然歯向かうことはできません。

私はキャプテンという存在に信頼を置き、ほかの子供たちにも「キャプテンの言うことは監督の言葉と同様だと思いなさい」と話しています。そうすることでキャプテンは遠慮なく発言できます。それはキャプテンだけでなく、ほかの子たちへの配慮でもあります。

そして、感じてほしいのは、**そういった行動をとるU-12のキャプテンの振る舞いを見て、ほかの子たちも所属チームなどで大いにリーダーシップを発揮してほしいということ。**それが日本代表チームでのリーダーの作り方であり、チームの子供たちには「リーダーとはこういう存在だよ」ということを学んでほしいと思っていました。

リーダーは、時に孤独や疎外感を感じてしまうこともあります。それを支えてあげるのがリーダーを育成している人間の役割であり責任です。

指導者というリーダーは、次なるリーダーを作ることも大切な役目です。どれだけ責任をもってリーダーを育成し、どれだけ責任を与えられるか。リーダーを選ぶのも覚悟が必要なのだと思います。

7　準備とは、「考えさせておくこと」

大事な試合が近づいた時、U‐12の子供たちに必ず話す約束事がありました。

その内容は三つ。

一つ目は、「〝考えていない〟というプレーはしない」。

一つのプレーが終わった後に、「あのプレーはどうしてそうなった？」と聞かれた時に「ん～……」と言葉に詰まることが大人でもよくあります。

もちろん、突発的に予想もしない難しい局面に出くわせば誰しも対処に手間取ります。しかし、そういったことも含めて、何が起こるかわからないわけですから、せめて考えられる状況に対しての準備はあらかじめしておくべきです。

そうすることで、冷静沈着な対処や大正解とまではいかなくとも、ある程度理にかなった行動ができる。終わってみて自分のプレーの理由について答えられないということは、結局その「あらかじめ」の部分が抜けてしまっているということです。

考えてプレーするということは、言い換えれば「準備をする」ということであり、プレーが起こる前に頭を働かせるということが「考えてプレーする」ということ。起きた時に初めて考えるようでは考えたことにはならず、まして一瞬というすさまじく短い時間のなかで遅れずに的確な答えを出すのは現実的には困難です。

事が起こる前に準備をすることの大切さを覚えてほしいということがこの言葉の真意。失敗も成功も理由がわかれば次に生かせる。だから理由をもって、または意志や意味のあるプレーをしてほしいということを伝えてきました。

では、「準備しろ」で、いいじゃないかと言う人もいるかと思いますが、準備をする前に「何に対して準備するのか？」「どんなことが起こりうるのか？」ということから考えてほしいため、あえて「考える」ことにスポットを当てています。

まずプレーは考えることから始まり、一つひとつのプレーに意味をもたせることで意志のあるプレーを完成させてほしいと考えています。

二つ目は、「**〝準備をしていない〟という選手にはならない**」。

結論を言えば考えてプレーをすることと同じなのですが、プレーに対しての準備という観点よりも本人の日々の過ごし方を含めた言い回しにすることで、個人に自覚を促していきます。自分一人の準備不足によってチームに迷惑がかかるということを自覚してもらいたいがための言葉です。

三つ目は**「『予想以上』ではなく『思った通り』のプレーをめざす」**。

よく選手、指導者の方々のコメントとして、「普段通りにプレーをする」「いままでやってきたことを試合で発揮する」といった言葉を見聞きしたことがあると思います。言葉の通り、普段当たり前のようにできていたことや、上手くできるように何度も繰り返し練習してきたことを試合で発揮するという意味です。

練習というのは再現性を高めたり、できなかったことをできるようにし、技術などを高めていくためのものであり、すべての練習は試合で結果を出すためのものです。逆に言うと、練習でできないことは試合でもできないのです。

たとえば、これまでホームランなど打ったこともないのに「試合で大きなホームランを打ちたい」と大きな目標を立てても打てるわけがありません。ましてや、勝つために一つにならなければいけないのに一人だけ、やったこともなければ、ほぼできないことを本気でめざして試合に臨んでいたとしたらチームにとっては迷惑な話です。

サッカーであれば、チームの中に「今日は50メートル以上の見事なロングシュートを決めるんだ」と勝手に意気込んでいる選手がいるようなもの。そんな思いで臨んだ選手がいれば、その選手にボールを回すといつでもどこからでもシュートを撃とうとしかねないのですからチームとして成り立ちません。

「今日は80メートルのロングランでトライを決めるんだ」と、ひそかに勝手な目標をもっているラグビー選手がいれば、チームにとっては厄介者です。

そもそも、やったことがない、現実的にゼロに近い確率のことを大事な場面でやってのけることはありえない。たとえば信じられないような結果を出した選手がいたとしても、最初からそれを狙っていたわけではなく、結果的にそうなったというケースがほとんどのはず。

タイムや距離を競うスポーツであれば目標を高くもつのは悪いことではないと思いますが、野球やサッカー、ラグビーなどのように、点数をより多く取り、失点を最小限にしなければならない競技、しかもチームスポーツであることを含めて考えると、壮大なロマンを描いて試合に臨むことがチームにとってプラスなのかということ。

もし、その壮大な夢をどうしても表現したいのなら、普段から本気で練習に取り組み、せめて練習でもある程度の成功確率をもっておくべき。

「できないこと」や「やったことがないこと」を、気持ちが入ればできるかもしれないと思うのはほとんど妄想に近い。「思った通り」にプレーすること自体が非常に難しいわけですから、「予想以上」はめざすべきではありません。

現実的に言えば、すべてのプレーを「思った通り」にできること自体が「予想以上」なのです。普段、練習でどんなことを思ってプレーしているのかということが、この「思った通り」に当てはまることなのですから、「普段の取り組みがいかに大事か」ということです。

8 「メンバーの迷い」は、指導者に責任あり

子供たちや経験の浅い人にとって、思わぬ出来事への対処法を瞬時に判断するのは非常に難しいものです。

機転が利く人からすれば「そんなものちょっと考えればわかるだろう」となるのでしょうが、指導者の立ち場とすれば、**できなかった人を怒る前に、そういったことが起こるかもしれないこと、起こってしまった時の対処法を事前に伝えていたかどうか、を考えるべきです。**

「それくらいのこともわからないのか！」と怒鳴っても、「だって、そんなこと言ってなかったじゃないですか！」と言われてしまえばそれまでです。昔であれば「言われなくて

もそれくらい考えておけ」ですんだ部分もあるのでしょうが、いまはそうもいきません。

U－12の子供たちは招集から試合に入るまでわずか３、４日しかありません。そのなかでポジションの適性や打力、走力などを優先的に見ないといけないので、それ以外の試合における事細やかなケースをくまなく練習のなかで伝えることはなかなかできません。

たとえば、試合中のバント処理など。

代表チームでは、いつもとは違うポジションを任されることがよくあります。センターからホームベース方向を中心線とした時、ポジションがその左側なのか右側なのかで景色は変わり、動きも逆になるため、どう動いてよいのか迷うこともあります。そこに相手チームのランナーの動きが加わると、さらに混乱します。

また、外野へ長打を打たれて中継プレーになった時など、誰がどこに動いてどのランナーを阻止すべきなのかということが、あらかじめわかっていないといけません。

どこに行けばいいのかわからずウロウロとしてしまう選手は、その大事な瞬間に機能しなくなってしまいます。

どう動けばいいのか迷ってアタフタする選手を見た時、「ああ、そういえばそのことを教えていなかったなぁ」と反省します。こちらが事前に伝えていれば、ある程度は動けていたはずです。迷った選手が原因で試合に負けることになっては、さらにかわいそうな目にあわせてしまいます。「伝えていない責任」というのは確実にあると思っています。

9 心配事は事前に伝えておく

「昔は言われる前に考えていた」「言われなくても考えた」など、私たちのころはそういったようなことをつい言ってしまうことがあります。

しかし、本当にそうでしょうか？　本当に大人や上司に言われる前に考えて行動していたでしょうか？　本当に言われていないことまで考えて行動していたでしょうか？　行動できず注意されたり叱られたりしたことはありませんか？

野球選手もそうですが、時間が経つと何に対してもある程度自分はできていたような錯覚をします。当時の監督、コーチからすれば「まったくあのころお前はなぁ」というのが実際の姿であるにもかかわらず、です。

それはどの世界でも、どの年代の人にも当てはまります。

自分の過去を振り返ってみてください。事前に言葉をかけてくれる人がいたおかげで、どんなに助かったことか。優しくていい先輩、いい上司だった、いい指導者だったと思える人はそういう人だったのではないでしょうか。

事前に言っておけば、伝えるほうとしても悔いはありません。そのうえで失敗したのであれば「だから言っただろ」とも言えます。ミスをしてしまった側も、事前に言われていてのミスだったのならば、「やっぱりそうか」ととらえて次に生かします。

「あれだけ言ったのにやらなかった」のなら、それは本人の責任。責任の所在という話ではありませんが、考えられる限りのことを事前に伝えておくことは、大事な局面に向かわせる際の準備として指導者が果たすべき責任だと思います。

10　できないことをできないままにしない

子供たちは日々成長し、幼いころにできなかったことがやがてできるようになる。体が大きくなれば力もつき、両手でも持てなかったようなものが片手で軽々と持ち上げられるようになったり、野球で言えば、強く遠くへボールを投げられるようになったり、打球を鋭く遠くへ飛ばせるようになったり。いままでできなかったことは体の成長が解決してくれる、または、時間とともにできるようになるのだろうと思っています。

しかし、成長とともに何でもできるようになるわけではありません。

「ちゃんと挨拶ができない」「人の話を集中して聞くことができない」「友達と仲良くできない」「頑張るということができない」「何事にも一生懸命になれない」などなど。

そのうちやればいい、大人になったらできるようになるだろう、大人になってからやればいい、と悠長に構えて放っておく人、またはそういった子供たちもいます。

たとえば、箸の持ち方などはどうでしょう。「子供だからまあいいか」「そのうちちゃんとできるようになるだろう」といって放っておいてできるようになるでしょうか？　鉛筆やペンの持ち方もそうです。そのまま放っておけば、ほぼ間違いなくそのまま大人になっていきます。

野球教室では、そういったことを話す場面が随所にあります。

ウォーミングアップで少し複雑な動作をやらせてみる。もちろん、慣れればできるようにはなるものです。初めはキャアキャア言いながらチャレンジするのですが、少し経つと上手くできないからとやらなくなる子が出てきます。頑張ってやろうとする子は少しだけでもその場でできるようになっていきますが、飽きてしまった子は当然最後までできないまま。そんな時、ウォーミングアップが終わってから必ずこう言います。

「できないことをできないままにしてしまうと、ずっとできないままだよ。頑張ってやろうとすれば必ずできるようになるんだよ」と。

そして、最後に子供たちにはこんな話をします。

「そのうちできるようになるだろうと放っておいたことは、いつになってもできないよ。挨拶ができない大人になりたいかい？　返事ができない大人になりたいかい？　友達のいない大人になりたいかい？　いまできないことをそのままにしておいたらできないままだよ。だからできるようにいまから努力しなさい」と。


学ばないまま時間だけが過ぎてしまう指導者にも同じことが言えます。


自分の経験だけを頼りに指導をし、知識のアップデートを面倒くさがる人。昔はよかった、俺たちの時代のほうがよかったという錯覚をしている人。自分の知らないことや小難しいことから目を背け、「わからない」をそのままにしてしまう人。そういった人たちは、たくさんの「わからない」をずっとずっと抱え続けている人なのだと思います。

たしかに、自分が生きてきた時代は、自分にとっては最高に楽しい時代だったかもしれません。しかし、時代が流れれば物事も人も進化し、情報も日々進歩していきます。子供たちと同じように、いま現在できないことをそのままにしておくと、できない人になってしまいます。

できないことは、できるように努力をする。このことは誰であっても肝に銘じておきたい。私自身もつねに気を引き締めて、頑張る所存でございます。

11 勝敗によってミーティングの進行を変える

侍ジャパンU-12では、毎晩ミーティングを実施していました。子供たちに話をし、子供たちの話を聞くという時間は、お互いを理解するためには欠かせないものでした。

時間にして30分から40分。

練習中や試合での出来事、また、毎日の生活についても触れながら、チームの進むべき方向性を提示し、次のステップとしてどんな成長を期待するのかを語ります。ミーティングを重ねるごとにステップアップさせていくことが狙いです。

チームを作るには、まずチームのルールを作り、キャプテンを中心とした子供たちの社会を作ること。要所が決まれば、次は個々の選手に役割を与えてチーム内での責任を発生させる。大人たちは子供の社会を尊重して、口を挟まず。

また、当然ながら、チーム招集時点で日本代表としての誇り、責任について話しておきます。チームの立ち上げの際は、そうして戦う集団の流れを作ってきました。

上手くいった時こそ反省する

試合後のミーティングでは、その試合のよかった点、反省点をノートに書き出させて手を挙げるか、こちらが指名をして発表をさせます。

この時、ちょっとした私なりのコツがありました。

試合に勝った場合、よかった点からノートに書き出させて発表をさせ、その後に反省点を書いて発表をさせる。逆に負けた試合では、反省点が先でよかった点は後から。

この順番については私なりの考えがあり、試合に勝つと気分がいいためポジティブな内容が出やすくなり、場も盛り上がって、和やかに進行します。しかし、翌日も試合はあり、難敵との重要な決戦ということもあります。

そういった対戦相手に対して「今日と同じような感じで戦えば上手くいくだろう」と安易にとらえられては困ります。「今日はよかったね」で終わるのではなく、「そのなかでも反省点はあったよね」ともう一度気を引き締めて、反省を明日に生かすという流れを作ります。

負けた時はその逆。負ければ失敗も多く出るので反省点から入り、修正すべき点はしっかり頭に叩き込む。そして、「それでもよかった点もあったよね」として、「明日また頑張ろうぜ」で終わる。

子供の野球なのだからそこまで考えなくてもと思われるかもしれませんが、そこは日本代表としての使命ということになります。

12　話は随時「更新」する

選手は、私たちスタッフ以上に勝ちたい気持ちをもっています。

子供や若い選手だと、さすがに自分たちで問題提起をして、みずから答えを出して解決するところまでにはまだまだ至りません。気持ちを盛り上げ、勝つ方向性を示してミーティングを完結させる流れはこちらで作ってあげる必要があります。そのうえで、選手だけのミーティングなどを実施して自主性を促す。こちらで最初の大きな流れを作り、選手がその流れを活用するというのが理想的なプランです。

また、そのほかにも何か試合で気になるようなプレーがあった場合、こちらでその問題を提起し、「その時どうしてそうなった？」「どんなことを考えていた？」といったことを尋ねて発言させ、では、「いま思えばどうするべきだったと思う？」と質問を重ね、最後に、ではこれからどんな準備が必要？」という流れで話を進めます。

この時気をつけなければならないのは、**途中で口を挟まない、発言を否定しない、聞い**

ているあいだも親身になっていないような態度をとったり、あきれ笑いをしたりという反応は控えること。

そうした態度をとってしまうと、話せなくなったり、傷ついてしまったりと、問題解決どころかさらに子供たちを追い込むことになります。

言葉が出なかったら待ってあげる、またはほかの子に助け舟となってくれるよう促すことも必要です。人前で話をするのが得意だという子はそう多くはありませんから、大人としての気配りはつねに必要です。

矛盾するような話かもしれませんが、時には叱ることを前提にミーティングをすることもあります。U-12でも大会なかばを過ぎると、子供たちは生活に慣れ、また、自由が少ない生活に飽きてしまって、いわゆる「中だるみ状態」になります。

そうなるといたずらが起こったり、ルールを守らなくなったり、だらしない面が目立つようになります。もちろん怒鳴ったり、激しく叱りつけたりはしませんが、勝っても負けても少し厳しいミーティングにします。「初めにどんな話をしたっけ?」「そういう行動がどんな問題を引き起こすか話したよね?」などと、「これから控えている大事な試合にチームとしてどんな準備をすればいいだろう?」と考えさせます。

こういった時にいつも思うのは、**子供たちにとって大人の話には「有効期限」があると**いうこと。定期的に期限を「更新」しないと忘れてしまうのです。

ミーティングは、選手や指導される側にとっても、指導者にとっても学びの場になります。子供の成長だけでなく指導者のスタンスも決まっていく。どんなチームになっていくのかというのは、この語り合いの時間が決め手となるのです。

13　話を聞く側の「環境」を整える

選手と一対一で話をする、話を聞く、またはチーム全体に伝える、といったシーンは、場所もタイミングもさまざまです。

寒い日もあれば暑い日もある。試合前、試合後、簡単に終わることもあれば、少し長くなることもある。また、気がついた時にすぐ呼び寄せて話すこともあれば、毎日のルーティンで同じような時間帯に話す場合もある。

指導者と選手という関係で話をする場合、選手を呼び寄せる、選手のもとへ行く、全員を集めるなど、たいていは指導者主導になります。ですが、選手が疲れ切っていたり、熱中症になるような猛暑だったり、日差しが眩しくて目が開けづらいといった状況や環境では、どんなにいい話をしても伝えきることはできません。

伝えたいことがあるのであれば、まずは伝える環境を整えるべきです。

野球の場合、一般的には屋外で行ないますので、天候に気を使わなければいけません。

たとえば太陽の位置。

天気がよく、日差しの強い日などは太陽の位置が正面に入ってしまうと、眩しくて目も開けられない状態になってしまいます。

「眩しいなぁ」

そう思いながらずっと話を聞いていても、内容が頭に入ってきません。

話の内容を把握するには、話し手の目や表情をとらえるのも大事。余計な神経を使わせないためにも眩しさを回避する必要があります。

したがって、つねに話す向きは選手が太陽を背負い、指導者が太陽に向かう。「指導者だって眩しいじゃないか」と言いたくなるかもしれませんが、大事なのは「どうすれば伝わるか」ということ。伝える側がせめてその程度は、配慮として考えるべきです。

また、暑さにも気を配る必要があります。日差しが強い日は、日陰を探すか屋根のあるところなど、できるだけ暑さをまともに受けない場所を探します。暑さに耐えながら話を聞いても、内容が頭に入るはずもなく、それ以前に熱中症のリスクもあります。命にかかわることもありますから太陽の向き以上に気遣う必要があります。

14 ストーリーを描き、ビジョンを伝える

話をするタイミングとミーティングに関して、付言しておきたいことがあります。

たとえば、疲れ果てている時や試合や練習後で汗をかいている時に長々と話かけられても、選手としてはとりあえず着替えてひと息つきたい、話は後にしてほしい、と思うものでしょう。汗をかいた状態で体が冷えれば、体調にも悪影響を与えます。

その瞬間しか話すタイミングがなかったり、練習を見てのちょっとしたフィードバックなどであれば別ですが、慌てて伝える必要がないのであれば、まずは選手が落ち着けるよう時間に余裕をもたせてあげるべきです。

U‐12の場合、大事なことは、夜のミーティングで話をしました。

お互いに落ち着いているほうがいい話し合いができますし、試合の振り返りも時間が経ってからのほうがより客観的な見方ができます。指導者としても話の運び方を整理して臨んだほうがスムーズで、狙いを絞って伝えることもできる。

また、**チームをよりよいものにするためには「長いスパン」で考え、俯瞰《ふかん》してチームを見ることが必要です。その意味では、一つひとつのミーティングにも、山あり谷ありのような抑揚があっていい。**順調に話が進む時もあれば、意見がぶつかり合い膠着《こうちゃく》状態になることもあり、そうした抑揚が次への流れを生み出します。

まずはチーム作りの大きなストーリーをどう描いていくのか？　そのストーリーの中にどう抑揚をつけ、その抑揚をどう生かしていくのか？　指導者として発想が求められますが、それは大きな醍醐味でもあります。

指導者はまず、自分のビジョンをしっかりと描き、それを伝え続けなければなりません。

そのためには、伝える環境作りを考えることも大切な仕事なのです。

終章

意志を貫く

——どんな指導者になりたいか？

本書の締めに、指導者として、一人の大人として、押さえておいてほしいことを記します。自分自身、発展途上の立場であり、まだ伸びしろがあると思っています。指導者が日々精進するにあたり、指針や考え方の参考になれば幸いです。

1 大人の振る舞いには責任が伴う

子供というのは、未熟であり、知らないことがたくさんあって、大人が考えていることなどどうせわからないだろう、と思ってしまいがちです。

しかし、自分が子供のころどうだったのかを考えると、「そういえば子供なりにいろいろ考えたり、悩んだりしたなぁ」という思いが蘇ってくるのではないでしょうか。

子供にも感情はあるし、自尊心だってある。理不尽なことを大人に言われて悔しくて泣いている子。人前でなじられて傷ついて泣いている子。試合に負けて悔しくて泣いている子。逆に勝って喜んだり、褒められて喜んだり。相手が子供であっても、一人の対等な人間として接する意識をもつべきであり、大人の言うことは何でも聞くもんだという時代ではもはやありません。

子供は大人を見ていますし、理非を判断する力だってある程度はあります。正しい大人

に成長させたいと思うのならば、まず指導する大人が正しくなければならない。

私は子供たちに一瞬でも失望を与えたくないという思いもあり、U－12の子供たちの前では使う言葉、身なりや振る舞いにも気をつけていました。

しかし、そうはいっても「子供は子供」という部分も多々あります。小さないざこざやいたずら、ちょっと遊びの度が過ぎたということもあります。そんな時に考えなければならないのが、「子供だから」ですませるのか、「子供であっても」と考えるのか、です。

正直、その境界線を見つけるのは難しい。常識的にやってはいけないことも子供だから知らなかった、わからなかった、ということもあります。興奮した挙句に後先考えずにやってしまったという失敗もあります。U－12の子供たちも少なからずそういうことがありました。そのつど、許すべきか、またはどのレベルで叱るべきかを考えていました。

野球のプレーに関しては「できないものだと思って見る」ということが前提としてあります。それは「子供だから」です。

まだ子供の体力、能力ですから期待するほどの結果にならないことは理解しておくべきで、そう思っていればミスにいちいち目くじらを立てることもなくなり、上手にできた時には感動すらあります。

しかし、これが私生活になると難しい。

私の場合、日本代表という前提があるため、少し厳しめに見るようにしていましたが、一般的には悩みどころです。

ただ、「その子が自分の実の子供であったらどうするか?」「間違いを見過ごしてそのまま大人になってもかまわないか?」と、考えれば、おのずと答えは出てきます。

私は、**「親だからできる教育」と、「他人だからできる教育」**があると思っています。

自分の子供にはつい甘くなってしまうことでも他人なら厳しい目で見られる。一方、他人では踏み込めないところも、親ならズバッと指摘できる。そういったことが大人のネットワークでできていけば、子供のためにはこれ以上ない教育システムです。

子供にとって、自分がされてよかったと思うことは、いずれ成長した時に自分でも同じようにしてあげようと思うはず。野球の世界においても、教えられたことが次の世代に受け継がれる可能性は大いにあります。

大人の振る舞いやかける言葉には、それだけ責任があるのです。

子供を一人の人間として見るのか、まだ子供として見るか。大人がその瞬間に下す判断も重要になってくるのです。

2　あなたの指導がつながっていく

指導される側にとって最も頼れる存在、または（言い方はよくありませんが）頼らざるをえない存在。それが指導者です。

「こういう方法でやってみよう」「こんなふうにやってみろ」そう言われればとりあえずそのやり方で取り組んでみないといけません。指導が間違っていればダイレクトに結果に反映し、間違ったやり方を続ければ理想から遠ざかることになり、無残な結末に至ります。

人を指導するということは、時にその人の人生に影響を与える可能性もあるということです。だから、「指導には根拠をもって」「言葉には責任をもって」と繰り返し述べているのです。

また、その指導は、目の前にいる存在に対してだけのものではありません。**指導された選手、または子供たちにとって、自分が指導された記憶はいくつになっても残るもの。**

スポーツ以外でも、箸や鉛筆の持ち方、字の書き方など、覚えたてのスキルがそのまま定着しているものは多いはず。そしておそらく、幼いころに覚えたことを自分の子供や周囲の人へ教える立場になった時、過去の記憶をたどることになるのではないでしょうか。

新たにその分野について勉強していれば別ですが、たとえば、あなたに野球経験があったとして、あなたの子供が野球チームに入り、あなたがそのチームのコーチを頼まれたとしたら、子供のころに受けた指導方法に思いをめぐらすはずです。

じつはそれこそ「指導はつながっている」という証。「たしか、こんなだったかなぁ」「あの人こう言ってたよなぁ」と過去に受けた指導方法を自分でもやってみる。ということは、昔受けた指導方法は、自分自身によって受け継がれたこととなり、もしかすると自分が指導した内容がいま目の前にいる存在によって、さらに受け継がれていくかもしれない。

そう考えれば、おのずと気をつけなければならないことがはっきりと浮かんできます。「間違った指導をすれば、間違いが受け継がれる」ということが。

もちろん、指導された側も、言っていることがおかしいと感じれば、いずれどこかのタイミングで方法を改めるとは思いますが、指導されているあいだは、無駄な労力と時間を費やしていることになります。

言い換えれば、真面目にやればやるほどその人は下手くそになっていくということで、もしもその人がその方法に疑問をもたなかったら、さらにその被害者が増えるということ。指導を受けている時間というのは貴重な学びの場でもあるわけですから、その責任は重いと考えなければなりません。

どれだけ受け継がれても自信をもって間違いではないと言えること。将来さらに進歩した考え方が出てきたとしても、その時点の根拠としては間違ってはいないと言える内容。指導するのであれば、当然そうでなければいけません。

指導された人の人生にマイナスの影響があったとしたら、「ごめん、ごめん」ではすみません。それだけ指導することの責任は重いのです。

あなたの指導は、必ず受け継がれると思っておくべきです。目の前にいる存在の向こう側にもちゃんと届く指導。届いても大丈夫と言いきれる指導。いつまでも受け継がれるようなものを模索し、提供していく姿勢を追求したいものです。

3　指導者が成長するということ

指導するということは、人としての成長だけでなく、技術的な進歩も導くということ。指導される側にとって、絶対的に信頼を置ける人物、そしてつねにリード、またはサポートしてくれる存在でなければなりません。

指導者の存在は大きいというだけでなく、安心感を与えることも大事。そのためには、よくコミュニケーションをとり、相手を十分に理解し、技術を含めて幅広く指導できなければなりません。それには学びが必要であり、経験も必要。どちらか一方では成り立たず、時間と労力はどうしてもかかります。

さまざまなスポーツでそういった講習会もありますが、それはきっかけにすぎず、そこからいかに学びを広げていくかが大事。チームが強ければいい指導者かといえばそうではなく、勝てないからダメなわけでもありません。勝てる指導者であるに越したことはありませんが、**「選手にとってかけがえのない存在」であることが最も重要です。**そうあるために日々いろいろな人や出来事に出くわし、悩みを打破しながら成長していく必要がある。

ただ、忘れてはならないのが、指導者が成長していく過程の時間にも指導される人たちがいるということ。

指導者が発展途上であっても、指導者という立場に立つからには言い訳はできません。その責任は相手がベテランでも新人でも変わりはなく、選手や子供たち、指導される側はつねに成長し、進化していきたいと思っています。

ですから、指導する立場につくまでに、せめて知識だけでも蓄える努力をするべき。知識だけでももっていれば会話ができます。知っているという信頼を得ることもできます。

ベテランの指導者からすれば物足りないかもしれませんが、まずは周囲に情熱をもって取り組む姿を見せることです。わからない分は一生懸命の姿勢でカバーする。経験は時間とともに身になっていくものですから、そこは焦っても仕方がありません。

選手や子供たち、指導される人たちをつねに思う。指導者としての成長過程ではそれがまずあるべき姿だと思います。指導者が成長すれば多くの人を成長に導けます。できるだけ早く自信をもってその役割を全うできるようになりたいものです。

指導者には知識や経験に果てはありません。そして「果てない情熱」というのも、同時に必要なのだろうと思います。

4　アスリートより重要な役目

長い歴史と伝統をもつ野球界。いま現在に至るまで、さまざまな困難が立ちふさがりながらもそれを乗り越えてきましたが、いまだ乗り越えきれないものがあります。

また、野球と言えば、その昔は鉄拳制裁やしごきのようなことも当たり前のようにありました。「非効率的」「非科学的」「非人道的」。もちろんいまでもすべてが消えたわけではありませんが、こちらも徐々に変わりつつあります。

主権は、指導者からアスリートへ。

「アスリートファースト」という言葉が指導においての絶対になった現在、指導する側、される側の関係性は非常にデリケートな問題にもなっています。

どこまでを許し、どう注意したらいいのか？　叱ることは是か非か？　楽しむことと勝つこと、どちらが優先なのか？　昔の常識が現代の常識とは限らない。指導という言葉自体が果たして正しいのか？　ということまで考えてしまいます。

少子化に加えて、スポーツをする子供が減り、チームスポーツは多くの地域で存続の危機に陥っています。なんとかスポーツを通して子供たちに健全な身体と精神を養ってほしいと、純粋な気持ちをもって頑張っても、「どうしてうちの子が試合に出られないんですか？」「あなたの采配はおかしいのではないですか？」そんな言葉が投げかけられる現実もあります。

一生懸命、情熱をもって取り組んでも報われない。そんなこともよく耳にします。そういった現実に出くわせば、子供たちがスポーツをやらなくなるように、または若手社員がすぐに会社を辞めてしまうように、指導者もやがてはやる人が減ってくるのではないかと懸念しています。

スポーツをする子供を増やすのか？　指導者を増やすのか？　**スポーツをする子供を増やそうと努力するのであれば、それ以前に指導者を確保しなければなりません。**いくら子供たちがスポーツに興味をもっても、指導する人がいなければそのスポーツに携わることはできません。

一人でもなんとかなるスポーツや仕事もあるのかもしれませんが、上達して競技や試合といった「戦いの舞台」に出るという目標があるならば、やはり指導者は絶対に必要です。アスリートとしてだけでなく、人としての成長も促してくれるということは、本人にとってもありがたい存在のはずです。

5　指導には「使命感」が必要

指導者とアスリート。

親子のような関係。または師弟関係。指導者とは、アスリートにとっては絶対的に信頼を置きたい人物です。それだけに、指導者には健全、安心といったことが求められます。

聖人君子である必要はありませんが、非常識な言動は慎まなければなりません。

指導者への疑念が生じると、関係性が崩れる危険性は大きくなります。せめて指導の現場に問題をもち込まないということは最低限のルールです。

とくに子供たちへの指導においては、言葉遣い、振る舞いにも気を配らなければなりません。フィールドやコートに現れ、所かまわず煙草をプカプカとふかしていたり、だらしのない格好で指導をしたり。

「何やってんだこの野郎！」

子供が大人の期待通りにできるわけがないこともわからずに指導するからこんな言葉が出てきてしまいます。

「何やってんだ＝あなたの指導の結果こうなっています」ということ。

よく、「グラウンドの中をダラダラ歩いてんじゃやねぇよ！　走れ！」と言う人がいますが、なぜ子供たちが歩くかというと、指導者が歩いているからなのです。

おそらく、指導者が一緒になって走っていれば、子供たちはキャアキャア言いながら楽しそうに走って移動するはず。それでも歩く子がなかにはいるかもしれませんが、指導者が走りながら「ほら、行くぞ」と声をかければ、仕方なくでも走り出すでしょう。子供たちにやってほしいことはできるだけ自分が率先してやってみせる。それがいちばん伝わる方法です。

指導とは教えるのではなく、伝えることです。

伝わらなければ伝わるまで根気よく、伝わる方法を工夫しながら伝えなければなりません。それを見た子供たちはその姿から何かを感じ、きっと理解してくれるはずです。

信頼を得るにはまず相手を信頼し、信頼されるような行動をすること。それでもダメならまた考える。結局ダメだったとしても、やるだけのことをやった結果ですから仕方ありません。とにかくできる限りの手を尽くす。それが指導者のあるべき姿だと思います。

現場ではたしかに想定外のことも起こりえますが、その時こそ力量が試される時かもしれません。日ごろの学びが準備となって冷静な対処、常識的な対応を可能にするのだと思います。

学びを止めた時は指導者を辞める時。そして挑戦を止めた時、学びは止まるのだと思います。つねに知見を広げ、現場に落とし込めることはないかと探求する思いはもち続けなければいけません。

指導は使命。

その思いがすべてだと思っています。

主な経歴

仁志敏久　にし・としひさ

プロ入り前	1971年10月4日	茨城県で誕生。
	高校野球	常総学院高等学校で、1年生からレギュラーを務め、活躍。全国高等学校野球選手権大会で準優勝を1回含め3年連続で出場。
	大学野球	早稲田大学に進学後は野球部主将としてチームを牽引し、主に遊撃手として活躍。4年の六大学春季リーグではシーズン6本塁打を記録。ベストナインを3回獲得し、早慶戦史上初のサヨナラ満塁本塁打を放つなど活躍。
	社会人野球	日本生命でプレー。
巨人時代	1995年	ドラフト会議で2位指名（逆指名）を受けて読売ジャイアンツに入団。
	1996年	三塁手としてセ・リーグ新人王受賞。チームはリーグ制覇。日本シリーズでは敢闘賞を受賞。
	1997年	二塁手に転向。

主な経歴

時代	年	内容
	１９９９年	自身初のゴールデングラブ賞を二塁手として受賞（２００２年まで４年連続で受賞）。
	２０００年	20本塁打をマークするなど長打力も見せつけ、４年ぶりのリーグ優勝に貢献。日本シリーズでは優秀選手賞を受賞し、日本一に貢献した。
	２００２年	リーグ２位の22盗塁で盗塁成功率１００パーセントを記録。
	２００４年	28本塁打を記録。オフにＦＡ宣言し、メジャーリーグ移籍をめざすも、巨人に残留。
	２００６年	シーズン終了後、トレードで横浜ベイスターズへ移籍。
横浜時代	２００９年	シーズン終了をもって横浜ベイスターズを退団。
米独立リーグ時代	２０１０年	メジャーリーグ挑戦。独立リーグのアトランティックリーグに加盟するランカスター・バーンストーマーズに入団。31試合に出場し、打率・２０８、１本塁打、３打点の成績を残したが、右太もも痛の悪化により６月８日に現役を引退した。９月には独立リーグのサザンメリーランド・ブルークラブスで臨時コーチを務めた。

引退後（野球解説、監督・コーチ）	
2011年	4月から野球解説者として活動。
2013年	野球日本代表（侍ジャパン）内野守備・走塁コーチに就任。
2014年	4月から筑波大学大学院人間総合科学研究科で体育学を学び、2016年3月25日に修了。 侍ジャパンのアンダー世代であるU-12（12歳以下）代表監督に就任。
2015年	「GLOBAL BASEBALL MATCH 2015 侍ジャパン VS. 欧州代表」および「第1回WBSCプレミア12」の日本代表内野守備・走塁コーチに就任。
2016年	「侍ジャパン強化試合 日本 VS. チャイニーズタイペイ」および「侍ジャパン 野球オランダ代表 野球メキシコ代表 強化試合」の日本代表内野守備・走塁コーチに就任。
2017年	「WORLD BASEBALL CLASSIC」日本代表内野守備・走塁コーチに就任。
2019年	台湾で開催された「第5回WBSC U-12ワールドカップ」に出場。過去最高成績の準優勝に導く。
2020年	江戸川大学社会学部経営社会学科の客員教授に就任。 11月、横浜DeNAベイスターズ2軍監督に就任。背番号は「87」。

仁志敏久（にし・としひさ）
1971年生まれ、茨城県出身。常総学院高では夏の甲子園に3年連続で出場。卒業後は早稲田大、日本生命へと進み、95年に巨人に入団。強打の内野手として活躍し、1年目で新人王を獲得。その後ゴールデングラブ賞4回、日本シリーズ優秀選手賞など数々のタイトルに輝いた。2006年オフに横浜ベイスターズに移籍したのち、10年にアメリカ独立リーグへ移籍するも、同年ケガにより引退。14年より侍ジャパンU-12監督を務め、「第5回WBSC U-12ワールドカップ」で過去最高成績の準優勝に導く。20年11月より横浜DeNAベイスターズファーム監督に就任。

PHP
Business Shinsho

PHPビジネス新書 424

指導力
才能を伸ばす「伝え方」「接し方」

2021年6月1日　第1版第1刷発行

著者　仁志敏久
発行者　後藤淳一
発行所　株式会社PHP研究所
東京本部　〒135-8137　江東区豊洲5-6-52
第二制作部　☎03-3520-9619（編集）
普及部　☎03-3520-9630（販売）
京都本部　〒601-8411　京都市南区西九条北ノ内町11
PHP INTERFACE　https://www.php.co.jp/
装幀　齋藤　稔（株式会社ジーラム）
組版　桜井勝志（アミークス）
印刷所　株式会社光邦
製本所　東京美術紙工協業組合

ISBN978-4-569-84950-8

「PHPビジネス新書」発刊にあたって

わからないことがあったら「インターネット」で何でも一発で調べられる時代。本という形でビジネスの知識を提供することに何の意味があるのか……その一つの答えとして「**血の通った実務書**」というコンセプトを提案させていただくのが本シリーズです。

経営知識やスキルといった、誰が語っても同じに思えるものでも、ビジネス界の第一線で活躍する人の語る言葉には、独特の迫力があります。そんな、「**現場を知る人が本音で語る**」知識を、ビジネスのあらゆる分野においてご提供していきたいと思っております。

本シリーズのシンボルマークは、理屈よりも実用性を重んじた古代ローマ人のイメージです。彼らが残した知識のように、本書の内容が永きにわたって皆様のビジネスのお役に立ち続けることを願っております。

二〇〇六年四月

PHP研究所